EIN SCHULJAHR IN DEN USA

Birthe Ringhoff

Ein Schuljahr

in den

USA

Gastschüler an einer
High School in Amerika

MANA

Bibliografische Informationen der Deutschen Bibliothek
Die Deutsche Bibliothek verzeichnet diese Publikation in der
Deutschen Nationalbibliografie;
detaillierte bibliografische Daten sind im Internet über http://dnb.ddb.de abrufbar

© 2015 MANA-Verlag, Berlin; www.mana-verlag.de
1. Auflage

Satz und Layout: Jürgen Boldt
Druck: Dardedze, Riga
ISBN: 978-3-95503-023-0

Bildnachweis

Titelfoto:
Julia Jensch

Bilder im Textteil:

Inhalt

Vor**wort**

Die USA – ein Land mit unendlichen Weiten und einer Vielfalt an unterschiedlichen Menschen, Städten, und Landschaften, Trendsetter der westlichen Kultur – das Land der unbegrenzten Möglichkeiten.

Sind die Klischees, die es über die USA und deren Menschen gibt, tatsächlich wahr? Es gibt kaum eine bessere Gelegenheit das herauszufinden, als in einer Gastfamilie zu leben und eine High School zu besuchen: Ein halbes oder ganzes Schuljahr eintauchen in ein komplett anderes Leben, ein zweites Zuhause und eine zweite Familie finden, Freundschaften mit Menschen aus aller Welt schließen.

Jedes Jahr zieht es ungefähr 8.000 deutsche Schüler dorthin, die das Land, die Menschen, die Kultur und die Sprache besser kennen lernen möchten.

Wer sich mit ehemaligen Austauschschülern unterhält, wird bei aller Begeisterung merken, dass so ein Aufenthalt nicht immer einfach ist und auch Herausforderungen birgt. Je besser man sich vorbereitet, je mehr man liest und sich von den Erfahrungen Anderer erzählen lässt, desto einfacher wird der Einstieg in das große Abenteuer und umso größer die Chance, Fettnäpfchen zu umgehen ...

Eine völlig lückenlose Vorbereitung wird allerdings schwer möglich sein, da jeder Austauschschüler andere Umstände vorfindet und „sein" Jahr sehr individuell erlebt. Je offener man an die Sache herangeht, desto besser!

Als ehemalige High School-Schülerin und Au-pair in den USA sowie durch meine langjährige Arbeit im Schüleraustausch weiß ich, welche Fragen sich Schüler und ihre Eltern stellen und welche Themen nicht vergessen werden dürfen.

Mit diesem Ratgeber möchte ich dazu beitragen, Ängste vor dem Unbekannten zu nehmen, aber auch ein realistisches Bild eines Austauschjahres in den USA zu schaffen. Meine

Eine amerikanische Ikone: der Grand Canyon

Aufenthalte waren auch nicht immer einfach, aber gerade in den schwierigen Situationen habe ich am meisten gelernt. Daher möchte ich meine Auslandsaufenthalte nicht missen. Sie haben mir einzigartige Erfahrungen beschert, die mich für den Rest meines Lebens geprägt haben.

Auf geht`s ins Abenteuer – *live your dream!*

Birthe Ringhoff

1 | Voraussetzungen

1.1 Motivation, Erwartungen, Persönlichkeit und Reife

Ein erfolgreicher Schüleraustausch ist eine kaum zu ersetzende, prägende und vor allem positive Erfahrung für Jugendliche.

Aber bevor man die Sache in Angriff nimmt, müssen schwierige Fragen beantwortet werden: Soll ich Familie und Freunde zurücklassen, die Schule unterbrechen und etwas völlig neues wagen? Soll ich ein halbes oder gar ein ganzes Schuljahr in den USA verbringen?

Diese Fragen kann man nicht von heute auf morgen beantworten – und das sollte man auch nicht tun! Und zwar nicht nur, weil eine Entscheidung einen nicht unerheblichen finanziellen Aufwand für die Familie bedeuten könnte. Die Gründe, sich für einen Aufenthalt in den USA zu entscheiden, sind vielfältig und nicht alle dazu geeignet, den Plan auch in die Tat umzusetzen.

Grundsätzlich ist es sehr wichtig, dass der Wunsch, eine gewisse Zeit im Ausland zu verbringen, vom Schüler ausgeht. Wenn allein die Eltern den Aufenthalt vorantreiben, sei es um eine bessere Englischnote zu erreichen oder eigene Träume durch das Kind verwirklicht zu sehen, endet er selten erfolgreich oder kommt gar nicht erst zustande. Aber auch wenn Schüler selbst die Initiative ergreifen, muss man die Beweggründe dahinter genau betrachten.

Ein Schüler, der offen für neues und anderes ist und die Reise nicht mit einer festgefahrenen Erwartungshaltung antritt, also jemand, der sich auf Überraschungen einstellen kann, bringt die wichtigsten Grundvoraussetzungen für das Schuljahr im Ausland mit. Toleranz und Anpassungsfähigkeit sind wichtig. Nur wer dem neuen Umfeld neugierig und aufgeschlossen begegnet, wird mit Einsichten belohnt, die dem Pauschaltou-

New York ist für viele ein Traum, aber nur die wenigsten Austauschschüler kommen hier unter

risten verschlossen bleiben. Als zukünftiger Austauschschüler sollte man außerdem eine gewisse Reife und Selbstständigkeit mitbringen. Denn Probleme und Konfliktsituationen lassen sich kaum vermeiden, und die kann man nur dadurch lösen, dass man sich ihnen stellt und offen darüber redet.

Ein Schüler, der deshalb ins Ausland will, weil er Abstand zu seinen Eltern sucht, einer schwierigen Situation zu Hause entgehen will, oder einfach mal eine „Auszeit" braucht, weil er vielleicht Probleme in der Schule hat, wird mit großer Wahrscheinlichkeit sehr bald scheitern. Auch der Spracherwerb oder der Vorteil eines interessanteren Lebenslaufs sollten nicht im Vordergrund stehen. Das können lediglich positive Nebeneffekte sein.

Und: Wie konkret sind die Erwartungen an den Aufenthalt? Muss die Gastfamilie unbedingt gleichaltrige Kinder, womöglich des gleichen Geschlechts haben, oder würde man auch zu einem alleinstehenden älteren Ehepaar gehen? Muss es Florida oder Kalifornien sein oder tut's auch der Mittlere Westen? Ist eine amerikanische Kleinstadt tabu oder eine

Hinweis für die Eltern

Damit Sie sicher sein können, dass Ihr Kind den Aufenthalt in den USA wirklich will, sollten Sie ihm viel Verantwortung hinsichtlich der Vorbereitung übertragen. Es kann nicht schaden, wenn es zum Beispiel die erste Recherche nach einer geeigneten Organisation in die Wege leitet und Broschüren selbstständig anfordert. Auch könnte es sich – mit Ihrer Unterstützung – einen Fragenkatalog überlegen, dessen Antworten es bei den Organisationen, die in die engere Wahl kommen, einholt. Selbst bei dem Ausfüllen der Bewerbungsmappe sollten Sie Ihrem Kind weitestgehend, d.h. in den Bereichen, in denen es möglich ist, die Initiative überlassen.

Wenn Sie ihn immer wieder antreiben müssen, ist eventuell die Frage berechtigt, ob der Aufenthalt tatsächlich gewollt ist.

Großstadt „obligatorisch"? Aus welchen Facetten setzt sich das USA-Bild des Schülers zusammen? Allein aus Serien und Filmen oder hat er sich schon mit dem realen Leben in den USA auseinandergesetzt? Ist er wirklich neugierig auf den Alltag einer amerikanischen Familie?

Reportagen, Literatur, Erfahrungsberichte oder Gespräche mit ehemaligen Austauschschülern helfen, das vielleicht etwas unrealistische Bild geradezurücken. Kein Schüler kann alles wissen, aber das Interesse, sich zu informieren sollte gegeben sein.

Ein solcher Auslandsaufenthalt erfordert die Bereitschaft, sich dem Alltag der Gastfamilie und der Schule anzupassen – ohne ständige Vergleiche mit dem Heimatland anzustellen oder gar das Leben im neuen Umfeld in Frage zu stellen. Es ist völlig normal, dass die Austausch-Schüler mit eingeschränkter Bewegungsfreiheit und strengeren Regeln leben müssen, als es zu Hause üblich ist. Dass Eltern und Kinder sich in den USA auf Augenhöhe begegnen, Regeln diskutieren und Kompromisse gefunden werden ist eher unüblich.

1.2 Sprachkenntnisse und Schulnoten

Die meisten Austauschorganisationen achten bei der Auswahl ihrer Schüler auf einen gewissen Notendurchschnitt, um

Auch – oder vielleicht gerade – in einem Provinznest kann es interessant sein. Prescott AZ

einen Platz an einer High School gewährleisten zu können. Wie hoch dieser Durchschnitt sein muss, wird in der Regel von der Partnerorganisation im Land vorgegeben. Aber auch Schüler, die den vorgegebenen Durchschnitt nicht erfüllen, sollten vor einer Bewerbung nicht zurückschrecken. Weitere wichtige Punkte sind nämlich die Persönlichkeit und die Motivation des Schülers! Damit lassen sich eventuell nicht ganz so optimale Noten wieder ausgleichen.

Von den Bewerbern werden keine perfekten Englischkenntnisse gefordert, denn eines der Ziele eines Schüleraustausches ist es, sie gewissermaßen nebenbei zu erwerben. Natürlich erleichtern gute Sprachkenntnisse den Einstieg im Land enorm. Je besser man die Sprache beherrscht, desto eher vermeidet man Missverständnisse.

Wer im Schriftlichen sicherer als im Sprechen ist, kann sich zum Beispiel durch das Anschauen von Filmen mit englischen Originalton etwas vorbereiten. Eventuell kann man auch den Kontakt zu einem Amerikaner knüpfen und mit ihm im „Tandem" Englisch üben. Im Gegenzug hilft man ihm, Deutsch zu lernen. Diese Möglichkeit sollte jeder in Betracht ziehen, der in der Nähe einer Universität lebt. Das örtliche Studentenwerk oder Aushänge geben sicher Hinweise darauf, ob es interessierte Studenten gibt. Oder im Internet unter „Tandempartner" und Ortsangabe suchen.

Schüler, die mit Lernwillen in die USA gehen und bereit sind, ohne Hemmungen auch bei sprachlichen Defiziten zu kommunizieren, werden täglich merken, dass sie sich verbessern und im Umgang mit der Sprache sicherer werden.

Es hilft auf jeden Fall enorm, wenn man gerade in der Anfangsphase unbekannte Vokabeln lernt (das kann zum Beispiel in naturwissenschaftlichen Fächern an der High School sehr wichtig sein) und sich mit der Grammatik intensiv befasst. In der Regel sind die meisten Schüler nach gut 3 Monaten flüssig im Sprachgebrauch.

1.3   Physische und psychische Gesundheit

Eine gute gesundheitliche Verfassung ist eine grundsätzliche Voraussetzung für die Aufnahme in das Programm. Das bedeutet aber nicht, dass Schüler mit gewissen Einschränkungen nicht teilnehmen können. Dazu zählen etwa Allergien gegen einzelne Lebensmittel oder Katzen- bzw. Hundehaare.

In jedem Fall sollte die Organisation rechtzeitig informiert werden, damit je nach Art und Ausprägung Optionen erwogen werden können. Zum Beispiel kann die Austauschorganisation bei einer Tierhaarallergie durch eine gezielte Gastfamilienauswahl Abhilfe schaffen. Schwierig wird es allerdings, wenn eine Allergie gegen beide Tierarten besteht, weil viele amerikanische Gastfamilien eine Katze oder einen Hund halten.

Bei schwerwiegenderen oder chronischen Krankheiten sollte man unbedingt vorab den behandelnden Arzt um Rat fragen und sicherstellen, dass der betroffene Schüler eigen-

Auch das ist Amerika (Idaho): Die Möglichkeiten, ein Schuljahr in den USA zu verbringen sind vielseitig

ständig, verantwortungsvoll und vorausschauend mit der Krankheit umgehen kann. Hierzu gehört auch, dass das entsprechende Vokabular sitzt, damit man die Einschränkung angemessen vermitteln kann. Auch der Umgang mit Hilfsmitteln, wie zum Beispiel Spritzen bei Diabetes, sollte selbstverständlich sein.

Viele Austauschorganisationen werden ein ärztliches Attest einfordern, um eine verantwortungsvolle Entscheidung hinsichtlich der Aufnahme treffen zu können.

Im Vorfeld muss außerdem die Versicherungsfrage geklärt werden, denn die meist im Programmpreis enthaltene Reisekrankenversicherung übernimmt in der Regel nicht die Kosten für bereits bestehende Krankheiten. Diese sollten über eine private, zusätzliche Versicherung abgedeckt werden, damit es vor Ort keine kostspieligen Überraschungen gibt.

Neben der körperlichen Eignung ist auch die psychische Gesundheit eine sehr wichtige Vorraussetzung für das Austauschjahr. Wer psychische Probleme hat, sollte den Aufenthalt bis zum erfolgreichen Abschluss einer Therapie verschieben. Denn die zu nehmenden Hürden, wie zum Beispiel Heimweh, Schwierigkeiten in der Gastfamilie oder in der High School, können einen ganz schön fordern. Schon vorher bestehende Probleme sind da nur im Weg oder werden vielleicht noch verstärkt – Depression oder Zusammenbruch sind nicht ausgeschlossen. Auch bereits therapierte Krankheiten wie Essstörungen können in einer angespannten Situation wieder auftreten und unter Umständen lebensbedrohlich werden.

In allen diesen Fällen ist ein offener, ehrlicher Umgang mit der Organisation und der Gastfamilie unabdingbar, um die Grundlage für einen erfolgreichen Aufenthalt zu schaffen! Das Verschweigen von Erkrankungen oder psychischen Problemen (aufgearbeitet oder nicht) kann schwerwiegende Folgen haben und teuer werden: Zum einen ist es ein traumatisches Erlebnis, den Aufenthalt abbrechen zu müssen – zwangsläufige Konsequenz bei psychischen Problemen und ernsthaften Erkrankungen –, zum anderen können hohe Kosten entstehen, weil in solchen Fällen die Reisekrankenversicherung meistens nicht greift.

Die Organisation und die Eltern sind also angehalten, zum Wohle des Kindes genau zu prüfen, was sie ihm (und den Gasteltern) zumuten können. Je nach Möglichkeit wird nach einer passenden Gastfamilie gesucht, die den besonderen Anforderungen des Schülers gewachsen ist. Einer eventuellen Ablehnung einer Organisation sollte man offen gegenüberstehen, da diese meist über einen umfangreichen Erfahrungsschatz verfügt, der eine objektive Beurteilung möglich macht.

2 | Vorbereitung

2.1 Dauer des Aufenthaltes

Wenn der Entschluss für einen High School-Aufenthalt in den USA einmal gefasst wurde, muss man sich entscheiden, ob man ein Schulhalbjahr oder ein ganzes Schuljahr dort verbringen möchte. Fast alle Schüler haben den Wunsch, nach dem Austausch in ihren alten Freundeskreis zurückkehren zu können und manche halten das nur dann für möglich, wenn sie nicht länger als ein halbes Jahr von Zuhause weg sind. Aber auch innerhalb eines Jahres müssen dank Telefon, Facebook und Blogs die Kontakte zu Freunden nicht abreißen – und was die Kosten angeht: die unterscheiden sich unter bestimmten Voraussetzungen (J1-Visum) gar nicht so wesentlich (siehe Kapitel 2.5).

Ein wichtiges Entscheidungskriterium sind die Versetzungsrichtlinien der Bundesländer – gerade im Zusammenhang mit der Dauer der Gymnasialzeit (G8 oder G9) und den Möglichkeiten, den versäumten Unterichtsstoff zu kompensieren. Die Schüler, die G9-Schulen besuchen, legen ihren Auslandsaufenthalt meist in die 11. Klasse und können danach oftmals direkt in der 12. Klasse weitermachen. Die G8-Schüler haben es weniger einfach, da für sie schon die 11. Klasse abiturrelevant ist und deshalb ein Nacharbeiten des Stoffes inklusive des Nachholens von Klausuren selbst dann mit Schwierigkeiten verbunden ist, wenn nur ein halbes Jahr versäumt wurde.

Über die Versetzungsrichtlinien informiert man sich am besten direkt bei der Schulleitung, denn die hat – in Anlehnung an die jeweiligen Verordnungen – oft einen erheblichen Ermessensspielraum. Wenn hier aber Unsicherheit herrscht, wendet man sich an die für das eigene Bundesland zuständige Behörde, um eine verbindliche Aussage zu bekommen.

Hinweis: Versetzungsrichtlinien der Bundesländer inklusive Kontaktadressen befinden sich im Kapitel „Nützliches".

Egal ob Schuljahr oder Schulhalbjahr: Der Aufenthalt muss immer vorab mit der Schulleitung/Behörde geklärt und von dieser genehmigt werden!

Viele Austauschschüler, die sich für ein Schulhalbjahr entscheiden, empfinden den Aufenthalt im Nachhinein als zu kurz – gerade auch vor dem Hintergrund, dass die wirkliche Eingewöhnung in der neuen Umgebung einige Monate in Anspruch nehmen kann. Wer mit dem Gedanken spielt, ein halbes Jahr in den USA zu verbringen und das Schuljahr in der Heimat nicht wiederholen will, sollte sich unbedingt darüber Gedanken machen, ob das zweite Schulhalbjahr nach der Rückkehr wegen der Menge des aufzuarbeitenden Stoffs und der (fast immer auftretenden) Wiedereingewöhnungsprobleme nicht zu stressig wird.

Auf keinen Fall sollte ein wiederholtes Schuljahr im Zusammenhang mit einem Austauschjahr als verloren gewertet werden, weil die gemachten Erfahrungen den zeitlichen „Verlust" im Lebenslauf mehr als ausgleichen.

> **i Visasponsor**
>
> Visasponsor ist eine Partnerorganisation in den USA, die für die Vergabe des J1-Visums die Genehmigung vom Department of State erhalten hat.

Wer sich in Bezug auf die Aufenthaltslänge auch nach reichlicher Überlegung noch unsicher ist, hat die Möglichkeit, den Aufenthalt vor Ort zu verlängern, wenn er zum Beginn des Sommersemesters ausgereist ist. Diese Option sollte am besten vorab mit der Organisation durchgesprochen werden. Dadurch hat sie die Gelegenheit, direkt nach einer Gastfamilie zu suchen, die den Schüler auch für ein Schuljahr aufnehmen würde und kann in diesem Fall eine Verlängerung garantieren.

Da die Gastfamilien in den USA die Schüler im öffentlichen High School-Programm (J1-Visum) unentgeltlich aufneh-

Die berühmte Golden Gate Bridge in San Francisco am späten Abend

men – das ist eine Vorgabe des *Department of State* und an den Visumstatus J1 gebunden – und die Kosten der Vorbereitung und Verwaltung für ein halbes und ein ganzes Schuljahr ungefähr gleich sind, ist der Preisunterschied zwischen den Varianten nicht sehr groß.

Anders sieht es bei Programmen aus, für die ein F1-Visum beantragt werden muss. Das sind reine Privatschulprogramme, bei denen Schulgebühren und eine Aufwandsentschädigung für die Gastfamilien berechnet werden sowie Programme, die zwar an öffentliche High Schools vermitteln, deren Gastfamilien aber eine Vergütung erhalten (siehe Kapitel 2.5).

2.2 Auswahl der Organisation

Unter der Vielzahl der Austauschorganisation, die einen High School-Aufenthalt in den USA anbieten, die „richtige" zu finden, ist nicht immer einfach. Entscheidet man sich für eine große oder lieber eine kleine Organisation? Soll der Anbieter gemeinnützig oder darf er kommerziell sein? Soll er ein

Büro in der Nähe der Schule haben? Das und vielerlei mehr beschäftigen Eltern und Schüler im Vorfeld.

Im Folgenden wird auf ein paar Aspekte eingegangen, die bei der Auswahl der Organisation hilfreich sein können:

Broschüren

Um sich nicht zu sehr zu überfordern, sollte man eine Vorauswahl an Organisationen treffen, die in Frage kommen, bevor man sich Broschüren schicken lässt. Im Anschluss an dieses Kapitel werden einige Organisationen vorgestellt, die Informationen zu ihren Leistungen zusammengestellt haben. Auf Grundlage dieser Daten kann man die Auswahl weiter einschränken und dadurch mehr Übersicht gewinnen.

Beim Blick in die Broschüre sollte auffallen, dass der Aufenthalt nicht nur unter dem Aspekt Abenteuer und Spaß dargestellt wird. Neben hilfreichen Hinweise und Tipps sollten natürlich vor allem Preise und Leistungen deutlich aufgeführt sein.

Transparente Preise und Leistungen

Es ist sinnvoll, mehrere Angebote zu vergleichen und dabei darauf zu achten, dass Leistungen und Preise transparent und eindeutig aufgeführt werden. So sollte zum Beispiel auf einen Blick ersichtlich sein, ob der Flug im Programmpreis enthalten ist oder nicht. Sollte das nicht der Fall sein, ist Vorsicht geboten: Kurzfristige Platzierungen sind im USA-Programm nicht ungewöhnlich und ein deshalb erst relativ spät gebuchter Flug kann wesentlich teurer sein, als ein im Programmpreis enthaltener Flug, für den die Organisation bereits ein bestimmtes Kontingent an Plätzen bei einer Fluglinie vorab reserviert hat.

Einen nicht unerheblichen Anteil an den Kosten kann ein Versicherungspaket ausmachen. Auch hier sollte man darauf achten, ob es im Programmpreis enthalten ist oder noch dazu gebucht werden muss.

Für die Teilnehmer am regulären High School-Programm (J1-Visum) ist die Teilnahme an einem Vorbreitungsseminar vor der Ausreise vom Department of State vorgeschrieben. Es sollte also Bestandteil des Programmpreises sein und nicht als besondere Leistung hervorgehoben werden.

Einige Organisationen bieten außerdem Einführungsseminare in den USA an, die entweder optional dazu gebucht werden können oder bei frühzeitiger Anmeldung kostenlos im Programmpreis enthalten sind. Manchmal sind sie auch ein fester Bestandteil des Programms. Ein solches Seminar ermöglicht den Schülern einen sanften Einstieg. Denn bevor sie mit ihrer Gastfamilie zusammentreffen, haben sie die Gelegenheit, Gleichgesinnte kennenzulernen, sich vor Ort noch einmal – meist von Mitarbeitern der jeweiligen Partner-organisation geschult – mit den Gegebenheiten vertraut zu machen und auf den Heimat-Seminaren besprochene Themen aufzufrischen bzw. diese nun aus der Sicht der amerikanischen Kollegen präsentiert zu bekommen.

Auch ein begleiteter Gruppenflug auf der Langstrecke kann den Einstieg in das Abenteuer erleichtern und dem Schüler – und seinen Eltern! – Sicherheit geben.

Beratung und Kontakt

Nach der ersten Vorauswahl sollten im persönlichen Kontakt mit den Organisationen noch etwaige Unklarheiten beseitigt werden. Dadurch wird die Entscheidung für oder gegen eine Agentur leichter fallen.

Viele Organisationen bieten regionale Informationsveranstaltungen an und/oder sind auf Messen anwesend, bei denen man die Gelegenheit hat, Mitarbeiter und häufig auch ehemalige Austauschschüler kennenzulernen. Termine solcher Veranstaltungen findet man in der Regel auf den Webseiten der Anbieter. Kontakte zu ehemaligen Austauschschülern sind eine gute Möglichkeit, sich ein genaues Bild von den Organisationen und dem Alltag vor Ort zu verschaffen. Seriöse Anbieter werden solche Gespräche vor einer verbindlichen Anmeldung gerne vermitteln.

Eine ausführliche Beratung, in der alle offenen Fragen geduldig beantwortet werden und die sowohl die positiven wie auch die schwierigen Aspekte eines Auslandsaufenthaltes darstellt, macht eine gute Agentur aus. Zu keinem Zeitpunkt sollte die Organisation Druck auf den Bewerber ausüben – es sei denn, die Zeit wird knapp, weil der Schüler sich erst kurz vor Bewerbungsschluss zu einem Aufenthalt entschieden hat. Dann zählt natürlich jeder Tag, damit alles noch rechtzeitig in trockene Tücher kommt.

Bewerbung

Den Broschüren der Organisationen wird ein kurzer Bewerbungsbogen beiliegen (eine Online-Bewerbung ist auch möglich), den man bei ernsterem Interesse ausgefüllt an die Organisation schicken und damit das Bewerbungsverfahren einläuten kann. Damit kommt noch kein verbindlicher Vertrag zustande, – zu diesem Zeitpunkt der Bewerbung wäre das absolut unseriös. Ein eindeutiges Vertragsangebot sollte erst nach einem erfolgreich absolvierten Bewerbungsgespräch verschickt werden.

Die im Bewerbungsbogen gestellten Fragen sollten bei aller Unverbindlichkeit natürlich wahrheitsgemäß und vollständig beantwortet werden. Denn dadurch wird die Organisation in die Lage versetzt, mögliche Schwierigkeiten (zum Beispiel Allergien) oder Hürden (eventuell nicht gerade überragende Noten) zu erkennen und kann dann Rücksprache halten und eventuell nach Problemlösungen suchen.

Bei der Vorbereitung sollte außerdem unbedingt beachtet werden, dass die Bewerbungsfristen von Organisation zu Organisation unterschiedlich sind!

20 Meter Kartoffelchps-Regal in elnem großen amerikanischen Supermarkt

Sicherungsschein und Gerichtsstand

Die Organisation muss unbedingt gegen Insolvenz abgesichert sein und spätestens mit der ersten Rechnung einen (Reise-)Sicherungsschein im Sinne von §651k III des BGB zur Verfügung stellen. Ein Link zu der gesetzlichen Regelung findet sich im Kapitel „Nützliches".

Ein weiterer wichtiger Punkt für oder gegen einen Anbieter ist der Gerichtsstand im Heimatland, um im Streitfall nicht weit reisen zu müssen.

Weitere Qualitätsmerkmale

Zusätzlich zu den oben genannten Merkmalen kann man darauf achten, wie lange es die Organisation schon gibt. Je länger ein Anbieter in diesem Bereich tätig ist, umso mehr Erfahrungen konnte er sammeln und ist somit auf (fast) alles vorbercitet.

Eine Entscheidungshilfe könnte auch sein, ob die Organisation Mitglied in einem der Schüleraustauschverbände DFH (Deutscher Fachverband High School) oder AJA (Arbeitskreis gemeinnütziger Jugendaustauschorganisationen) ist. Die Mitglieder haben sich durch ihren Beitritt freiwillig einer Qualitätskontrolle gemäß den jeweiligen Verbandsrichtlinien unterworfen. (Weitere Details hierzu finden sich auf den Websites: www.dfh.org und www.aja-org.de.) Aber auch, wenn ein Anbieter nicht Mitglied in einem der Verbände ist, muss es nicht heißen, dass er grundsätzlich schlechte Arbeit leistet!

Allerdings sollte eine Voraussetzung für die Wahl eines Anbieters sein, dass die Partnerorganisation in den USA in der „CSIET-Advisory List" (*CSIET = Council on Standards for International Educational Travel*) aufgeführt ist. Der CSIET ist eine gemeinnützige Organisation, die sich der Qualitätssicherung der Schüleraustauschprogramme verschrieben hat. Die amerikanischen Organisationen können sich jährlich um Akkreditierung bewerben. (Weitere Informationen sowie die Liste der aufgenommenen Organisationen findet man unter www.csiet.org.)

Die Auflistung der amerikanischen Partnerorganisation kann entscheidend dafür sein, ob ein Schulplatz gesichert werden kann oder ob man in einem Sportteam der High School aufgenommen wird. Hinweise auf die Standards des CSIET befinden sich ebenfalls im letzten Kapitel „Nützliches".

Selbst wenn man alle „hard facts" zusammengetragen und seine Auswahl eingegrenzt hat, kann die Entscheidung der Organisation vielleicht immer noch nicht leicht gefällt werden. Aber man ist dem Ziel schon ein großes Stück näher gekommen!

Auf jeden Fall sollte auch das Bauchgefühl nicht außer Acht gelassen werden, denn Vertrauen in die Organisation ist die wichtigste Basis für ein Projekt dieser Art. Das in Kombination mit einem Preis-Leistungs-Vergleich sollte die Entscheidung erheblich erleichtern.

2.2.1 Anbieter

AIFS – American Institute For Foreign Study (Deutschland) GmbH
Ansprechpartner: Johannes Knauer
Friedensplatz 1, 53111 Bonn
Tel.:   0228/957 30-0
Fax: 0228/957 30-110
URL: www.aifs.de
E-Mail: info@aifs.de

Gemeinnützigkeit: nein

Vorbereitungstreffen: Treffen (1 Tag) bzw. Seminar (2 Tage)

Partner/Betreuung vor Ort:
AIFS Foundation (AYA – Academic Year in America)

Bewerbungsvoraussetzungen:
- 14 bis 18 Jahre alt, Schülerstatus, 3 Jahre Englisch als Unterrichtsfach
- Gesundheit, Toleranz und Aufgeschlossenheit

Bewerbungsfristen:
- Januarausreise: bis 30. September des Vorjahres
- Augustausreise: bis 31. März desselben Jahres

Leistungspaket (im Programmpreis enthalten):
- unverbindliches Beratungs- und Auswahlgespräch
- Vorbereitungstreffen bzw. Vorbereitungsseminar
- Schüler- und Elternhandbücher / Infobriefe
- Vermittlung in eine ausgewählte Gastfamilie
- Vermittlung an eine amerikanische High School
- Hin- und Rückflug mit Lufthansa (inkl. Zubringerflug)
- Unterkunft und Verpflegung während der gesamten Zeit
- umfangreiches Versicherungspaket
- AIFS Hoodie und AIFS T-Shirt
- Teilnahmezertifikat und Mitgliedschaft im AIFS ReturNet

Preise (Stand April 2015, ungefährer Preis für alle aufgeführten Leistungen):
- ½ Schuljahr: 9.100 Euro (Januar-Ausreise), 9.300 Euro (August-Ausreise)
- 1 Schuljahr: 10.400 Euro

Besonderheiten/ Sonstiges/ Stipendien:
Sir Cyril Taylor Scholarship oder DFH Stipendium möglich (beides Vollstipendien), gegen Aufpreis auch Vermittlung an eine private High School möglich

CAMPS International
Ansprechpartner: Eshelman, Gerken, Themann
Poolstraße 36, 20355 Hamburg
Tel.:   040/822 90 27-0
Fax: 040/822 90 27-29
URL: www.camps.de
E-Mail: info@camps.de

Vorbereitungstreffen: ja   **Nachbereitungstreffen:** ja

Partner/Betreuung vor Ort:
In den USA arbeiten wir mit unseren zuverlässigen und langjährigen Partnern ACES, AYA, ISE, TLUSA, CASE und ESI zusammen. Jeder Schüler hat einen lokalen Betreuer in seiner Nähe.

Bewerbungsvoraussetzungen:
• Lust auf High School Spirit und das Leben in einer amerikanischen Gastfamilie
• offen, tolerant & anpassungsfähig; max. drei Vieren und keine Fünf im letzten Zeugnis

Bewerbungsfristen:
Start im August: 31. März
Start im Januar: 15. September

Leistungspaket (im Programmpreis enthalten):
• unverbindliches, persönliches Auswahlgespräch mit einem CAMPS-Mitarbeiter
• Unterstützung bei der Visumsbeantragung
• Hin- und Rückflug
• Abholung am jeweiligen amerikanischen Flughafen
• Besuch einer amerikanischen High School
• Unterkunft und Verpflegung in einer individuell ausgesuchten Gastfamilie
• umfangreiches Versicherungspaket (Reisekranken-, Unfall-, Haftpflicht- und Reisegepäckversicherung)
• Betreuung durch einen persönlichen Betreuer vor Ort und durch CAMPS Hamburg
• Teilnahmezertifikat

Preise (Stand Mai 2015; ungefährer Preis für alle aufgeführten Leistungen):
• Halbjahr ab € 9.150,-
• Schuljahr ab € 9.950,-

Besonderheiten/ Sonstiges/ Stipendien:
• Stipendium im Rahmen der DFH-Stipendienvergabe
• Optional: 4-tägige New York Orientation (nur im August, € 650,-)
• Regionen- oder Staatenwahl gegen Aufpreis möglich (€ 600,- bzw. € 800,-)

Experiment e.V.
Ansprechpartner: Sabine Stedtfeld
Straße: Gluckstr. 1, 53115 Bonn
Tel.:   0228 95722-0
Fax: 0228 358282
URL: www.experiment-ev.de
E-Mail: school@experiment-ev.de

Experiment e.V.
THE EXPERIMENT IN INTERNATIONAL LIVING

Vorbereitungstreffen: ja   **Nachbereitungstreffen:** ja

Partner/Betreuung vor Ort:
In den USA arbeiten wir mit ERDT/SHARE, CIEE, NWSE zusammen.

Bewerbungsvoraussetzungen:
Interesse am interkulturellen Austausch, Aufgeschlossenheit, Offenheit,
Toleranz sowie Eigeninitiative.

Bewerbungsfristen:
Der 1. Februar für Ausreise im Sommer, der 1. August für Ausreise im Winter
oder so lange Plätze verfügbar sind; Verlängerungen stehen auf der Homepage.

Leistungspaket (im Programmpreis enthalten):
• Auswahlgespräch in Wohnortnähe der Bewerber
• Viertägiges Vorbereitungsseminar in Deutschland
• Unterkunft und Verpflegung in einer Gastfamilie
• Besuch einer öffentlichen Schule
• Kranken-, Unfall- und Haftpflichtversicherung
• Hin- und Rückflug (Hinflug als begleiteter Gruppenflug)
• Betreuung durch die Partnerorganisation im Gastland
• Telefonischer 24-Stunden-Notfallservice
• Elterninformationstag/Elternhandbuch
• Dreitägiges Nachbereitungsseminar in Deutschland

Preise (Stand 1. Mai 2015)
• Schulhalbjahr: 8.600 €
• Schuljahr: 9.100 €

Besonderheiten/ Sonstiges/ Stipendien:
• Vollstipendien im Parlamentarischen Patenschafts-Programm
• eigener Stipendienfonds in Höhe von 60.000 Euro (2015-16)
• Programm mit Wahl der Region und der Schule möglich

GIVE Gesellschaft für internationale Verständigung
Ansprechpartner: Jutta Müller-Tedden
In der Neckarhelle 127a, 69118 Heidelberg
Tel.:   06221-389350
Fax: 06221-3893520
URL: www.give-highschool.de
E-Mail: info@give-highschool.de

Gesellschaft für Internationale
Verständigung mbH

Vorbereitungstreffen: ja (2-tägig)   **Nachbereitungstreffen:** ja

Partner/Betreuung vor Ort:
ASSE International (vom U.S. Department of State designiertes Austausch-programm mit CSIET-Akkreditierung)

Bewerbungsvoraussetzungen:
für 14- bis 18-Jährige, ausreichende Englischkenntnisse, Aufgeschlossenheit, Offenheit und Anpassungsbereitschaft

Bewerbungsfristen:
spätester Bewerbungstermin: 31. März des Abreisejahres

Leistungspaket (im Programmpreis enthalten):
- Ausführliches Infomaterial
- Vorbereitungsseminar mit Übernachtung
- Hin- und Rückflug
- Innerdeutsche Anschlussflüge
- Begleiteter Gruppenflug beim Hinflug
- Unterbringung und Verpflegung bei einer Gastfamilie
- Schulgebühren, Unterricht an der High School
- Betreuung vor Ort
- Sevis-Gebühr

Preise (Stand 2015; ca.-Preise für alle aufgeführten Leistungen):
- ½ Schuljahr: 8.750 € (mit Schulwahl ab 11.290 €)
- 1 Schuljahr: 8.990 € (mit Schulwahl ab 15.980 €)

Besonderheiten/ Sonstiges/ Stipendien:
- Aufenthalte ab Januar auf Anfrage bei Private High Schools
- Private High School in den USA bereits für 14-Jährige möglich
- Orts- und Schulwahl in unterschiedlichen US-Bundesstaaten

ICXchange-Deutschland e.V. (ICX)
Ansprechpartner: ICX-Büro Oldenburg
Bahnhofstraße 16-18, 26122 Oldenburg
Tel.:   0441 92398-0
Fax: 0441 92398-99
URL: www.ICXchange.de
E-Mail: info@ICXchange.de

Vorbereitungstreffen: ja   **Nachbereitungstreffen:** ja

Partner/Betreuung vor Ort:
Program of Academic Exchange (PAX) in Port Chester, NY. Die Schüler werden
durch Mitarbeiter des PAX-Büros und durch örtliche PAX-Mitarbeiter betreut.

Bewerbungsvoraussetzungen:
Schüler einer allgemeinbildenden Schule, Alter: 15 bis 18 Jahre bei Programmbeginn, mindestens 3 Jahre Englischunterricht, gute Gesundheit, Aufgeschlossenheit und Anpassungsfähigkeit

Bewerbungsfristen:
15. März/15. September für Programmbeginn im Sommer/Winter

Leistungspaket (im Programmpreis enthalten):
- Vermittlung einer ausgewählten Gastfamilie mit freier Unterkunft und
  Verpflegung
- Anmeldung an einer allgemeinbildenden Schule
- Beratung und Betreuung durch ICX und PAX
- Ein Vor- und Nachbereitungsseminar in Deutschland inklusive Unterkunft
  und Vollpension
- Dokumente für die Beantragung des Visums
- Hin- und Rückflugticket inklusive Zubringer- und Anschlussflüge
- Transfer zwischen Flughafen und Gastfamilie bei Hin- und Rückreise
- Ein regionales Einführungstreffen in den USA
- Kranken- und Unfallversicherung
- Sicherungsschein

Preise (Stand 2015; ca.-Preise für alle aufgeführten Leistungen).
½ Schuljahr: € 7.700
1 Schuljahr: € 8.500

Besonderheiten/ Sonstiges/ Stipendien:
- Optional: 3-tägiges Einführungsseminar in New York (Aufpreis: € 500)
- Teilstipendien bis € 1.000

international Experience e.V.
Ansprechpartner:
A.Czarnecki, A.Bauer, J.Gillner
Amselweg 20, 53797 Lohmar
Tel.:   02246/91549-0
Fax: 02246/91549-12
URL: www.international-experience.net
E-Mail: info@international-experience.net

Vorbereitungstreffen: ja   **Nachbereitungstreffen:** ja

Partner/Betreuung vor Ort:
- Eigene Organisation iE-USA in Northfield, Michigan, CSIET lizensiert
- Eigenes landumfassendes Netzwerk mit Regionaldirektoren und lokalen Koordinatoren

Bewerbungsvoraussetzungen:
Flexibilität, Eigeninitiative, positive Einstellung, Anpassungsfähigkeit, Bereitschaft zur Integration und Offenheit für Neues

Bewerbungsfristen:
- Für Programmbeginn im Sommer (Juli/August): 31. März
- Für Programmbeginn im Winter (Januar): 30. September des Vorjahres

Leistungspaket (im Programmpreis enthalten):
- persönliches Interview im Beisein der Eltern
- individuelle Beratung zur Schulform
- 2,5-tägiges Vorbereitungsseminar in Deutschland
- Hilfestellung bei der Visabeantragung
- ausführliche Schüler- und Elternhandbücher
- Platzierung und Betreuung durch eigene Mitarbeiter
- regelmäßiges online gestütztes Berichtswesen
- 24h Notfallnummer (kein Call-Center)
- Returneetreffen nach Rückkehr

Preise (Stand 2015; ca.-Preise für alle aufgeführten Leistungen):
- ½ Schuljahr: 6.395,- €
- 1 Schuljahr: 6.795,- €

Besonderheiten/ Sonstiges/ Stipendien:
Wir arbeiten in den USA mit einer Reihe hervorragender Privatschulen und Internate zusammen.

iSt Internationale Sprach- und Studienreisen Gm
Ansprechpartner:
Lena Hartnagel, Michaela Gutmann
Stiftsmühle, 69080 Heidelberg
Tel.:   06221-8900-124
Fax: 06221-8900-200
URL: www.sprachreisen.de
E-Mail: mig@sprachreisen.de, lh@sprachreisen.de

iSt Internationale Sprach-
und Studienreisen GmbH

Vorbereitungstreffen: ja (2-tägig)   **Nachbereitungstreffen:** ja

Partner/Betreuung vor Ort:
ASSE International (vom U.S. Department of State – Bureau of Educational and
Cultural Affairs designiertes Austauschprogramm mit CSIET-Akkreditierung)

Bewerbungsvoraussetzungen:
14 bis 18 Jahre (Programm ohne Orts- und Schulwahl: 15 bis 18 Jahre), gute
Englischkenntnisse, Aufgeschlossenheit, Anpassungsbereitschaft, Offenheit

Bewerbungsfristen:
Spätester Bewerbungstermin: 31. März des Abreisejahres

Leistungspaket (im Programmpreis enthalten):
- Ausführliches Informationsmaterial
- Zweitägiges Vorbereitungsseminar
- Flug von Frankfurt in die USA und zurück
- Begleitete Gruppenflüge beim Hinflug
- Innerdeutsche Anschlussflüge
- Unterkunft und Verpflegung in der Gastfamilie
- Unterricht an der High School, Schulgebühren
- Betreuung vor Ort
- Reiserücktrittsversicherung im Krankheitsfall
- SEVIS-Gebühr

Preise (Stand 2015; ca.-Preise für alle aufgeführten Leistungen).
- ½ Schuljahr: 8.700 € (ab 11.290 € mit Schulwahl)
- 1 Schuljahr: 8.990 € (ab 15.980 € mit Schulwahl)

Besonderheiten/ Sonstiges/ Stipendien:
- Private High School bereits ab 14 Jahren möglich
- Private High School auf Anfrage auch ab Januar möglich

MAP Sprachreisen GmbH
Ansprechpartner: Trautlinde Bohlen
Türkenstraße 104, 80799 München
Tel.:   089 – 35 73 79 77
Fax: 089 – 35 73 79 78
URL: www.map-sprachreisen.com
E-Mail: highschool@map-sprachreisen.com

MUNICH ACADEMIC PROGRAM
MAP SPRACHREISEN GMBH

Vorbereitungstreffen: ja, in Deutschland und nach Ankunft in den USA, optional zusätzlich 4 Tage in Chicago
Nachbereitungstreffen: ja

Partner/Betreuung vor Ort:
CCI Greenheart (Chicago, IL), ISES, International Student Education Services (Pottstown, PA)

Bewerbungsvoraussetzungen:
• Geburtsdatum: 10.03.1997 bis 01.08.2000 (für 2015/16)
• Keine Fünf in Englisch, gute Noten, keine Klassenwiederholung in den letzten 2 Jahren

Bewerbungsfristen:
• für 5 / 10 Monate ab August: 31.03. des Jahres
• für 5 Monate ab Januar: 15.10. des Vorjahres
Auf Anfrage kann eine Bewerbung auch noch später erfolgen.

Leistungspaket (im Programmpreis enthalten):
• Persönliches Bewerbungsgespräch und Eignungsprüfung
• Vorbereitungstreffen in Deutschland und vor Ort in den USA
• Regelmäßige Informationen bis zum Abflug
• Hin-/Rückflugbuchung, Flugpreis im Classic Program inkl
• Begleiteter Gruppenflug, Transfer zur Gastfamilie
• Auswahl einer geeigneten Gastfamilie
• Gastfamiliengarantie
• Anmeldung an der High School
• Beschaffung der Antragsunterlagen für das vorgeschriebene Visum
• Betreuung durch MAP, CCI/ISES vor Ort, 24h Notfallnummer

Preise (Stand 2015; ca.-Preise für alle aufgeführten Leistungen):
• ½ Schuljahr: € 8.690 Classic Program, Preise für Optionen auf Anfrage
• 1 Schuljahr: € 8.990 Classic Program, Preise für Optionen auf Anfrage

Besonderheiten/ Sonstiges/ Stipendien:
• Regionenwahl (im Classic Program) gegen Aufpreis von € 700 möglich
• Optional: Vorbereitungsseminar (4 Tage) in Chicago, € 800
• 6 Taschengeldstipendien im Wert von je € 500 (USA Classic Program)

Student Travel & Education Programmes International
Ansprechpartner:
Betty Kootlummel (Manager High School)
Beethovenallee 21, 53173 Bonn
Tel.: 0228-956 95-30
Fax: 0228-956 95-39
URL: www.stepin.de
E-Mail: school@stepin.de

Student Travel & Education Programmes International

Vorbereitungstreffen: ja (Eltern u. Schüler) **Nachbereitungstreffen:** ja

Partner/Betreuung vor Ort:
Stepin verfügt über langjährige Partnerschaften in den USA, die vor Ort eine umfassende Betreuung gewährleisten.

Bewerbungsvoraussetzungen:
Alter bei Ausreise: zwischen 15 und 17 Jahre (im USA Select-Programm ab 14 Jahre), kulturelle Aufgeschlossenheit, Reife, Toleranz und mindestens befriedigende schulische Leistungen.

Bewerbungsfristen:
Für den Programmstart im August/ September ca. Ende März
Für den Programmstart im Januar/ Februar ca. Ende Oktober

Leistungspaket (im Programmpreis enthalten):
• Beratungs- und Auswahlgespräch
• Elternseminar in Deutschland
• Interkulturelles Training für Schüler in Deutschland
• Handbuch für Schüler und Eltern sowie regelmäßig Infomaterial
• Check-in mit Stepin-Mitarbeitern am Flughafen (bei Gruppenausreisen im Classic-Programm)
• Hin- und Rückflug (Frankfurt/M), inkl. Anschlussflüge/Rail & Fly in Deutschl.
• Vermittlung in Gastfamilie und Schule
• Betreuung durch Stepin und Partner vor Ort und nach dem Aufenthalt
• Reisekranken-, -unfall-, -haftpflicht- und -gepäckversicherung
• Insolvenzversicherung durch Reisesicherungsschein

Preise (Stand 2015, ca.-Preise für alle aufgeführten Leistungen):
½ Schuljahr: ab € 8.880,- (USA Classic), ab € 12.260,- (USA Select-Programm)
1 Schuljahr: ab € 9.760,- (USA Classic), ab € 20.240,- (USA Select-Programm)

Besonderheiten/ Sonstiges/ Stipendien:
Zusatzoptionen (Classic-Programm): Dreitägiges Vorbereitungsseminar in New York, Wahl einer Region, eines Bundesstaates, einer Metropole oder einer Top-School möglich. Stepin vergibt regelmäßig Voll-/Teilstipendien.

team! Sprachen und Reisen GmbH
Ansprechpartner: Aniko Fischer
Bärbroich 35, 51429 Bergisch Gladbach
Tel.:   02207/911 390
Fax: 02207/911 387
URL: www.team-sprachreisen.de
E-Mail: afischer@team-sprachreisen.de

Vorbereitungstreffen: ja   **Nachbereitungstreffen:** ja

Partner/Betreuung vor Ort:
World Heritage, ASSE International Student Exchange Program

Bewerbungsvoraussetzungen:
Alter: 15-18 Jahre (Staatliche High School ohne Schulwahl)
Alter: 14-18 Jahre (Staatliche High School mit Schulwahl, Private High School)

Bewerbungsfristen:
Bewerbung bis 31. März 2016 (für das Schuljahr 2016/2017)

Leistungspaket (im Programmpreis enthalten):
- Flug ab Frankfurt in die USA und zurück
- Begleitete Gruppenflüge beim Hinflug
- 5-tägige Rundreise in den USA
- Unterbringung und Verpflegung in der Gastfamilie
- Unterricht an der High School
- Betreuung durch örtliche Mitarbeiter
- Vorbereitungsseminar in Deutschland
- Ausführliches Informationsmaterial
- Sevis-Gebühr
- Visumsberechtigung

Preise (Stand 2015; ca.-Preise für alle aufgeführten Leistungen):
½ Schuljahr: 9.190 € (ab 11.990 € mit Schulwahl) inkl. USA-Rundreise
1 Schuljahr: 9.490 € (ab 16.680 € mit Schulwahl) inkl. USA-Rundreise

Besonderheiten/ Sonstiges/ Stipendien:
- 5-tägige Rundreise inklusive
- Es werden keine Bewerbungsgebühren erhoben
- Private High School auf Anfrage auch Aufenthalte ab Januar möglich

TREFF - Sprachreisen
Ansprechpartner: Rainer Jäger
Wörthstraße 155, 72793 Pfullingen
Tel.: 07121 - 696 696 - 0
Fax: 07121 - 696 696 - 9
URL: www.treff-sprachreisen.de
E-Mail: info@treff-sprachreisen.de

Vorbereitungstreffen: ja   **Nachbereitungstreffen:** ja

Partner/Betreuung vor Ort:
Unsere Partner in den USA (ISE, IF, CASE, ERDT) sind vom amerikanischen
Außenministerium sowie der Kontrollinstanz CSIET anerkannt.

Bewerbungsvoraussetzungen:
Bei Programmbeginn nicht jünger als 15 und nicht älter als 18½ Jahre, egal welche
Schulart man in Deutschland besucht. Notendurchschnitt der letzten 3 Zeug-
nisse sollte nicht schlechter als 3,5 sein.

Bewerbungsfristen:
30. März für Beginn im August
30. September für Beginn im Januar

Leistungspaket (im Programmpreis enthalten):
Hin-/Rückflug ab Frankfurt in den USA / Jedes Wochenende im Aug. begleitete
Flüge auf der Strecke Frankfurt-Washington (im Jan. ab 8 Teiln.) / Zubringerflug
ab den meisten deutschen Flughäfen / Abholung vom Zielflughafen in den USA /
Kranken-, Unfall- und Haftpflichtversicherung / Betreuung in den USA durch die US-
Partnerorganisationen / alle Vorbereitungs- und Organisationsleistungen / Vorbe-
reitungsseminar für Teiln. und Eltern / Handbücher für Teiln. u. Eltern / Unterkunft
und Verpflegung in Gastfamilie / Unterricht an einer High School / Unterlagen zum
Visum-Antrag / Calling Card / Zertifikat / Nachtreffen / Reisevertrag nach deutschem
Reiserecht / Sicherungsschein / umfassende, ehrliche Beratung und Betreuung

Preise (Stand April 2015; ca. Preise für alle aufgeführten Leistungen, Beispiele):
½ Schuljahr: Classic: 8.200 EUR / Select ab 11.950 EUR
1 Schuljahr: Classic: 8.800 EUR / Select ab 15.950 EUR

Besonderheiten/ Sonstiges/ Stipendien:
- Auch USA-Select (Wahl des Schuldistrikts) möglich
- Teilstipendien bis 1.500 EUR
- TREFF-Mitarbeiter bereisen die USA selbst regelmäßig

2.3 Privat organisieren?

Natürlich kann der High School-Aufenthalt in den USA auch privat organisiert werden, wenn man beispielsweise schon eine Gastfamilie hat, die bereit ist, den Schüler aufzunehmen. Allerdings müssen dabei einige Dinge beachtet werden, die die Sache etwas kompliziert machen:

Zum Beispiel müssen Public High Schools in den USA bei einem privat organisierten Aufenthalt das volle Schulgeld berechnen. Der Betrag ist von Gemeinde zu Gemeinde unterschiedlich, liegt jedoch meistens zwischen 3.000 und 10.000 $. Dazu kommen noch die Kosten für Flug, Versicherung etc. So hat man schnell den Durchschnittspreis, den eine Organisation für diesen Aufenthalt nehmen würde, überschritten.

Auch der organisatorische Aufwand für Visum und Schulplatzsicherung ist nicht zu unterschätzen und kann enorm sein. Die betreffende High School muss durch den United States Citizenship und Immigration Service (USCIS) berechtigt sein, das I-20-Visadokument auszustellen, mit dem ein F-1-Visum für einen privat organisierten Schulaufenthalt beantragt werden kann.

Zu bedenken ist außerdem, dass bei einem kompletten Alleingang die inhaltliche Vorbereitung in Form von Seminaren fehlt und auch in einer selbst ausgesuchten Gastfamilie Probleme auftreten können, die einen Gastfamilienwechsel unvermeidbar machen. Das kann ohne Unterstützung vor Ort mitunter schwierig werden.

Eine Art Mittelweg ist das sogenannte Pre-Placement. Wer gerne zu einer selbstausgesuchten Gastfamilie möchte, sollte bei den Organisationen nach dieser Möglichkeit fragen. Wird sie angeboten, muss die Gastfamilie überprüft werden, denn auch Pre-Placement-Gastfamilien durchlaufen den ganz normalen Bewerbungsprozess (das ist eine Vorgabe des

Department of State). Gibt es grünes Licht, übernimmt die Organisation die Vor- und Nachbereitung des Aufenthaltes sowie die Betreuung im Problemfall. Allerdings ist hier auch zu beachten, dass die Gastfamilie nicht mit dem Gastschüler verwandt sein darf.

2.4 Public High School (Öffentliche Schule) oder Private High School (Privatschule)?

Ob öffentliches und privates High School-Programm wirkliche Alternativen sind, hängt im Wesentlichen von den finanziellen Möglichkeiten ab, denn die Gebühren für eine Privatschule sind oft sehr hoch (siehe Kapitel 2.5).

Die Auswahlmöglichkeit an Privatschulen in den USA ist enorm, aber die Qualität für den Laien oft sehr schwierig zu beurteilen. Bei Privatschulen handelt es sich um Einrichtungen, die in nichtstaatlicher freier Trägerschaft organisiert sind. Träger können Kirchen, Stiftungen oder Fördervereine sein, die sich verschiedenen Lernkonzepten, Philosophien und Erziehungsmethoden verschrieben haben.

Nicht alle privaten Schulen haben ein höheres Niveau als die öffentlichen. Allerdings ist ihre Ausstattung oft besser und wegen der meist geringen Anzahl von Kursteilnehmern können die Lehrer intensiver und individueller auf die Schüler eingehen. Gut 10 % aller amerikanischen Schüler besuchen eine Privatschule.

Es gibt Organisationen, die ein reines Privatschulprogramm anbieten. Wer bestimmte Vorstellungen davon hat, wo in den USA er sein Austauschjahr verbringen und welche Fächer er belegen möchte und außerdem ein großes Budget hat, hat gute Chancen, seine Wünsche mit einem solchen Programm zu erfüllen. Auch für Schüler, die aufgrund von Allergien oder Krankheiten nicht in einem regulären Programm auf-

Tim (Mitte) mit anderen Austauschschülern: gemeinsam Neues erleben

genommen werden konnten oder für diejenigen, die das 15.
Lebensjahr noch nicht erreicht haben, ist eine private Schule
eine sinnvolle Option. Wer an einem Privatschulprogramm
teilnehmen möchte, hat auch die Möglichkeit in einer Gastfamilie platziert zu werden, die mit dem Teilnehmer verwandt
ist. Das für Privatschüler vorgesehene F1-Visum macht in
dieser Hinsicht keine Vorgaben.

Wer später plant, an einer der Elite-Universitäten in den
USA zu studieren, erhöht durch den Besuch einer renom-
mierten Privatschule die Wahrscheinlichkeit, dort angenom-
men zu werden.

Übrigens können auch Teilnehmer des regulären High
School-Programms als Option den Besuch einer Privatschule angeben und sich eine solche vorstellen lassen, bevor sie
und die Eltern entscheiden, ob sie interessant ist oder nicht.
Potenzielle Gasteltern möchten nämlich oft, dass „ihr" Austauschschüler die gleiche Privatschule besucht wie die eigenen Kinder. Manchmal hat auch die öffentliche High School
keine freien Plätze für Austauschschüler mehr, aber es gibt
die Möglichkeit auf eine private Schule im Umfeld auszu-

weichen. Wenn man sich für diesen Weg entscheidet, fallen natürlich zusätzlich zu dem Programmpreis Schulgebühren an (siehe Kapitel 2.5). Ob die Organisation eine solche Option anbietet, ist in der Regel aus den Bewerbungsunterlagen ersichtlich oder kann erfragt werden. Auch sollte sichergestellt sein, dass der Teilnehmer und seine Eltern eine solche Privatschule ablehnen können, wenn sie beispielsweise nicht ihren Vorstellungen entspricht – denn die Unterschiede sind groß.

2.5 Kosten, Finanzierung und Fördermöglichkeiten

Die Finanzierung eines solchen Aufenthaltes ist sicherlich keine Kleinigkeit und muss gut überlegt sein. Zu den reinen Programmbeiträgen, die sich im Durchschnitt auf ca. 8.500 € belaufen, kommen noch weitere Kosten hinzu. Um Überraschungen zu vermeiden, sollte man daher unbedingt im Vorfeld noch an folgende Kosten denken:

- eventuell Flug und/oder Versicherung, wenn diese nicht im Programmpreis enthalten sind
- Kosten für das Visum, die sich insgesamt auf derzeit ca. 300 € belaufen (Die Anfahrt zum Konsulat oder der Botschaft ist nicht mit gerechnet.)
- Gastgeschenke (Hier zählt aber weniger der finanzielle Wert als der Gedanke.)
- ein monatliches Taschengeld in Höhe von ca. 200 bis 250 € (Wie hoch dieser Betrag tatsächlich ausfällt, ist natürlich vom Kaufverhalten des Schülers abhängig. Der Erfahrung nach wird zu Beginn und zum Ende des Aufenthaltes mehr Geld ausgegeben.)
- zusätzliche Ausgaben für Gruppenreisen oder ein Urlaub mit der amerikanischen Gastfamilie, sofern das angeboten wird

- eventuell zusätzliche Gebühren für den Besuch einer Privatschule, deren Höhe ganz unterschiedlich ausfallen kann. Das geht bei ca. 1.000 $ pro Semester los und es ist auch bei 10.000 $ noch längst nicht Schluss. Die Kosten für reine Privatschulprogramme mit exklusiven Schulen sind noch deutlich höher.

Des Weiteren sollte man daran denken, dass der Programmpreis vor der Ausreise vollständig gezahlt werden muss, wobei die Organisationen in der Regel eine Zahlung in mehreren Raten anbieten. Wer Probleme einer fristgerechten Zahlung hat, sollte in jedem Fall direkt den Kontakt mit der Organisation suchen, um die Situation zu besprechen und gegebenenfalls nach einer passenden Lösung für alle Beteiligten zu suchen. Derjenige, dem die Finanzierung aus eigenen Mitteln schwerfällt, hat diverse Möglichkeiten eine finanzielle Unterstützung zu beantragen:

BAföG (Bundesausbildungsförderungsgesetz)

Unter folgenden Voraussetzungen kann auch ein Auslandsaufenthalt für Schüler durch BAföG (Achtung: Nicht in Österreich und der Schweiz verfügbar!) gefördert werden:

- der Schüler muss einen ständigen Wohnsitz in Deutschland haben und darf sich nicht nur zu Ausbildungszwecken in Deutschland aufhalten
- wenn das Abitur nach 12 Schuljahren abgelegt wird (G8), kann ein High School-Besuch ab der 10. Jahrgangsstufe gefördert werden
- wenn das Abitur nach 13 Schuljahren abgelegt wird (G9), kann ein High School-Besuch ab der 11. Jahrgangsstufe gefördert werden
- nach der Rückkehr von diesem Aufenthalt muss die Ausbildung an einem inländischen Gymnasium fortgesetzt werden

- Der Aufenthalt muss mindestens ein Schuljahr dauern. Eine Halbjahresförderung ist nur möglich, wenn das Schuljahr in den USA ebenfalls in Halbjahre aufgeteilt ist.
- Die High School muss den Schulbesuch bestätigen. (Der Nachweis kann nach Schulbeginn nachgereicht werden.)

Der Zuschuss kann bis zu 465 € monatlich betragen und ist abhängig vom anzurechnenden Einkommen der Eltern. Auch Stipendien oder andere Leistungen, wie zum Beispiel ein Zuschuss der Hamburger Schulbehörde, werden auf den Bedarf angerechnet. Die anfallenden Reisekosten werden pauschal berücksichtigt und mit 1.000 € unterstützt. Diese Förderung muss – anders als beim BAföG für die Ausbildung an einer hiesigen Universität – nicht zurückgezahlt werden.

Für die Schüler, die in die USA gehen, ist das Studierendenwerk in Hamburg zuständig. Genauere Informationen sowie die Anträge können auf folgender Webseite eingesehen und heruntergeladen werden: www.studierendenwerk-hamburg.de (Finanzen/BAföG für eine Ausbildung in den USA). Die Post-Adresse lautet:

Studierendenwerk Hamburg
Amt für Ausbildungsförderung
Nagelsweg 39
20097 Hamburg
Tel.: 040 41902-0
Fax: 040 41902-6126
Email: bafoeg@studierendenwerk.hamburg.de

Nach Angaben des Studienwerkes sollte der Antrag ca. 3 bis 4 Monate vor der Abreise vollständig eingereicht werden. Da es vorkommen kann, dass Unterlagen nachgereicht werden müssen, kann es sicherlich nicht schaden, den Antrag schon ca. 6 Monate vorab fertig gestellt zu haben.

Wem die finanziellen Mittel fehlen, der kann sich zum Beispiel um ein Stipendium bemühen

Förderung der Hamburger Schulbehörde

Für Hamburger Schüler, die eine staatliche Schule besuchen, gibt es die Möglichkeit über die Hamburger Schulbehörde, eine Förderung zu beantragen – sofern im Ausland eine mit der heimischen vergleichbare Schule besucht wird. Auch hier ist zu beachten, dass der Betrag nicht vor Juni/Juli, also unmittelbar vor der Ausreise ausgezahlt wird.

Unter www.auslandprogramme.hamburg.de sind im Bereich Schüler/Finanzierung/Förderung der Schulbehörde detaillierte Informationen und das Antragsformular zu finden.

Stipendien

Es gibt unterschiedliche Stipendienprogramme, die internationale Schulaufenthalte unterstützen. Sie agieren bundesweit oder sind auf ein bestimmtes Bundesland beschränkt:

Rotary Club

Der weltweit tätige Rotary Club fördert neben vielen anderen Projekten auch den internationalen Schüleraustausch. Teilnehmen können Jugendliche im Alter zwischen 16 und 18 Jahren, sofern das 18. Lebensjahr zu Beginn des Austauschjahres (Stichtag 1. August) noch nicht erreicht ist.

Eine Bedingung ist, dass ein ganzes Schuljahr im Ausland verbracht werden muss. Allerdings ist das Besondere, dass man während des Aufenthaltes in drei verschiedene Gastfamilien lebt.

Weitere Vorraussetzungen sind unter anderem Grundkenntnisse der Landessprache sowie Kenntnisse über das eigene Land und das Gastland. Außerdem müssen die Kosten für Vorbereitungsseminare, Flüge und die Versicherung selber getragen werden.

Da der Rotary Club den Austausch in verschiedene Länder unterstützt und jeweils nur eine begrenzte Anzahl an Plätzen vorhanden ist, muss man neben dem Erstwunsch noch zwei alternative Länder nennen. Unter dieser Auswahl darf nur ein englischsprachiges Land sein.

Bewerben sollte man sich in den Sommerferien bzw. kurz danach bei seinem örtlichen Rotary Club. Achtung: Die Bewerbungsfristen sind je nach Rotary-Distrikt unterschiedlich!

Weitere Informationen und Kontaktadressen finden sich auf der Webseite http://rotary-jugenddienst.de/jugenddienst/

Parlamentarisches Patenschafts-Programm (PPP)

Dieses vom Deutschen Bundestag und dem US Congress gemeinsam angebotenen Programm richtet sich an Schüler von 15 bis 17 Jahren, die ihren ersten Wohnsitz in Deutschland und die Schulausbildung noch nicht abgeschlossen haben. Es wurde 1983 ins Leben gerufen, um Verbindungen zwischen jungen Amerikanern und Deutschen zu knüpfen, Wertvorstellungen zu festigen und die gegenseitigen Kulturen kennenzulernen.

Auch dieses Stipendium umfasst ausschließlich ein ganzes Schuljahr. Allerdings werden Reise-, Programm- und Versicherungskosten übernommen. Die Stipendiaten werden von Austauschorganisationen betreut, die auch das Auswahl- und Bewerbungsverfahren durchführen.

Für die Dauer des Programms übernimmt ein Bundestagsabgeordneter die Patenschaft für den Stipendiaten.

Die Bewerbungsphase für das PPP läuft von Mai bis September im Jahr vor dem geplanten Aufenthalt. Eine Bewerbung ist online und schriftlich möglich. Bei der schriftlichen Bewerbung muss die offizielle grüne Bewerbungskarte (auch diese ist online abrufbar) eingeschickt werden. Diese Karte muss direkt an die für den jeweiligen Wahlkreis zuständige Austauschorganisation geschickt werden.

Bei der Vergabe des Stipendiums liegt das Augenmerk nicht schwerpunktmäßig auf den Noten. Gute Zensuren sind zwar wichtig, aber es zählt das Gesamtbild. Dazu gehören zum Beispiel auch Toleranz und Engagement.

Die Webseite: www.bundestag.de/bundestag/ europa_internationales/internat_austausch/ppp/

Deutscher Bundestag
Referat Internationale Austauschprogramme (WI 4)
Platz der Republik 1
11011 Berlin
Tel: 030 227-32835 oder -39336
ppp@bundestag.de

Stipendien Deutscher Fachverband High School e.V. (DFH)

Der DFH, ein Zusammenschluss von 11 deutschen Austauschorganisationen vergibt jedes Jahr mehrere Stipendien. Jeweils eine Organisation sponsert ein Stipendium in dem die regulären Programmkomponenten, Flug und Versicherung enthalten sind.

Die Bewerbungsphase läuft von Mai bis Oktober im Vorjahr der Ausreise. Die Bewerber müssen zwischen 15 und 17

Jahre alt sein und haben nicht die Möglichkeit, sich die Organisation oder das Zielland auszusuchen.

Zu den Auswahlkriterien zählen unter anderem das Einkommen der Eltern, die Noten und das soziale Engagement.

Eine Online-Bewerbung ist über www.dfh.org möglich.

Stipendien der Austauschorganisationen

Viele Organisationen bieten eigene Stipendien an, um die sich interessierte und geeignete Bewerber bemühen können. Wer ein solches Stipendium anbietet, ist im Kapitel 2.2.1 auf der Informationsseite der jeweiligen Organisation zu finden.

Diejenigen, die sich ein Auslandsaufenthalt nicht ohne Stipendium leisten können, sollten bei der Bewerbung um ein Stipendium darauf achten, dass ein Vertrag unterschrieben wird, der ein Rücktrittsrecht bei Nichterhalten des Stipendiums enthält – sofern vorab überhaupt ein Vertragsangebot gemacht wird. Sinnvoller ist es, einen Vertrag erst nach Erhalt des Stipendiums abzuschließen.

Wer sich den Aufenthalt auch ohne ein Stipendium leisten kann und will, kann sich neben der Stipendiumsbewerbung auch für das reguläre Programm bewerben und sich so einen Platz bei dem Programm sichern. Hierbei ist darauf zu achten, dass der Vertrag für das reguläre Programm eine Klausel enthält, die den kostenlosen Rücktritt bei Erhalt des Stipendiums möglich macht.

Kreuzberger Kinderstiftung

Die Kreuzberger Kinderstiftung vergibt Stipendien für Schüler, deren Schullaufbahn mit dem Mittleren Schulabschluss endet und deren Eltern sich einen solchen Aufenthalt nicht vollständig leisten können. Die Stiftung wendet sich an folgende Zielgruppen: Berliner Sekundarschüler, Brandenburger Oberschüler, Regionalschüler aus Mecklenburg-Vorpommern, Mittelschüler aus Sachsen, Sekundarschüler aus Sachsen-Anhalt und Regelschüler aus Thüringen. Die Stiftung übernimmt 50 bis 80 % der Programmkosten. Ein Aufenthalt in einem englischsprachigen Land wird in der Regel mit nur 50 % der Programmkosten gefördert.

Die Stiftung unterstützt die Stipendiaten nach ihrer Rückkehr auch auf ihrem Weg ins Berufsleben, indem sie bei der Suche nach einem Ausbildungsplatz und beim Schreiben von Bewerbungen hilft.

Je nachdem in welchem Bundesland man lebt, ist eine andere Organisation für die Durchführung des Aufenthaltes zuständig. Bei dieser muss sich der Interessent dann auch direkt bewerben. Genaue Informationen sind zu finden unter: www.kreuzberger-kinderstiftung.de/stipendium

Weltbürger-Stipendien

Im Rahmen der jährlich stattfindenden Jugendbildungsmessen JUBi werden von Austauschorganisationen und dem Bildungsberatungsdienst „weltweiser" Stipendien ausgeschrieben. Bei der Stipendienvergabe werden sowohl die finanziellen Möglichkeiten berücksichtig, als auch das persönliche Engagement in bestimmten Bereichen. Die Vergabe der Stipendien und deren Umfang unterliegt unterschiedlichen Bedingungen, die die einzelnen Stipendiengeber festlegen. Detaillierte Informationen gibt die Seite: www.weltbuerger-stipendien.de

Weitere Stipendienmöglichkeiten

Auf dem Schüleraustausch-Portal, das von der Deutschen Stiftung Völkerverständigung betrieben wird, sind Finanzierungstipps und ein Stipendienüberblick zu finden. Die Stiftung schreibt anlässlich der von ihr organisierten Schüleraustausch-Messen auch selbst Stipendien aus: www.schueleraustausch-portal.de/

Außerdem bietet die Internetseite des Equip e.V. einen guten Überblick über Finanzierungsmöglichkeiten: www.ausgetauscht.de/stipendien-suche.htm

Man sollte sich aber auch nicht scheuen, selber aktiv und kreativ zu werden und bei lokalen Unternehmen nach Fördermöglichkeiten zu fragen (hier lockt vielleicht auch die positive Presse, die die Unterstützung eines solchen Vorhabens nach sich ziehen kann). Vielleicht steuert die lokale Zeitung ein Taschengeld bei, wenn regelmäßig aus dem Ausland berichtet wird? Die Eltern arbeiten bei einem großen Unternehmen? Auch in diesem Fall könnte sich die Anfrage lohnen. Wer sich ehrenamtlich engagiert, hat eventuell bei dem jeweiligen Träger gute Chancen, Unterstützung für einen Auslandsaufenthalt zu bekommen.

2.7 Anmeldung und Auswahlverfahren

Wer die Finanzierung geklärt hat und einige Organisationen in die engere Wahl genommen hat oder sich bereits für eine Organisation entschieden hat, beginnt mit dem Bewerbungsprozess. Es ist übrigens absolut in Ordnung, sich bei mehreren Organisationen unverbindlich parallel zu bewerben! Wenn eine Organisation Druck ausübt und das Gegenteil behauptet, sollte sie unbedingt aus der engeren Wahl fallen!

In der Regel füllt man als erstes einen kurzen Bewerbungsbogen online oder schriftlich aus und reicht ihn eventuell mit Zeugnissen und einer Selbstdarstellung bei der Organisation ein. Vorsicht ist geboten, wenn direkt ausführliche Unterlagen ausgefüllt werden sollen. Falls diese dann auch noch auf Englisch sind, liegt der Schluss nahe, dass die Auswahl der Schüler der amerikanischen Partnerorganisation überlassen wird. Auch sollte zu diesem Zeitpunkt darauf geachtet wer-

den, dass vor dem Auswahlgespräch noch kein verbindlicher Vertrag zustande kommt! Um Überraschungen zu vermeiden, sollten alle Unterlagen sorgfältig gelesen werden.

Nach der kurzen Erstbewerbung wird die Organisation Kontakt aufnehmen, um den weiteren Bewerbungsprozess zu erläutern. Bewerbungsgespräche können auf unterschiedliche Art und Weise geführt werden. Ein telefonisches Bewerbungsgespräch sollte man nur erwägen, wenn der Bewerber beispielsweise im Ausland wohnt und nicht die Gelegenheit hat, zu einem persönlichen Gespräch bei der Organisation oder einem freien Mitarbeiter zu kommen.

Einige Organisationen führen ein Auswahlverfahren in Gruppen durch. Das ergibt allerdings nur Sinn, wenn die Veranstaltung mehrere Tage dauert, da ansonsten keine Gelegenheit besteht, den einzelnen Schüler wirklich auf Herz und Nieren zu prüfen. Bei dieser Variante sollte man darauf achten, dass außer ehemaligen Schülern auch erfahrene Mitarbeiter der Organisation anwesend sind.

Am weitesten verbreitet ist ein Einzelgespräch mit dem Schüler. Danach gibt es auch Zeit, um Fragen der Eltern zu beantworten. Diese Gespräche finden in der Regel in den Räumen der Organisation oder bei einem freien Mitarbeiter zu Hause statt. Es gibt auch Organisationen, die ein Gespräch im Haus der Familie anbieten – das sollte aber kein ausschlaggebender Grund sein, sich für oder gegen eine Organisation zu entscheiden.

Das Bewerbungsgespräch mit dem Schüler dient dazu, dessen Reife, Motivation und Englischkenntnisse zu überprüfen. Um den Schüler so gut wie möglich kennenzulernen, werden manchmal auch sehr persönliche Fragen gestellt – also nicht erschrecken!

Ein gepflegtes Äußeres und das pünktliche Erscheinen zum Gespräch sollten selbstverständlich sein.

Nach dem Gespräch erfährt man entweder direkt, ob man in das Programm aufgenommen wird, oder man hört schriftlich von der Organisation ein paar Tage danach. Mit dieser schriftlichen Zusage bekommt der Bewerber in der Regel ein Vertragsangebot und die ausführlichen Bewerbungsunterlagen, sofern sie nicht schon vorher zugesandt wurden.

2.8 Bewerbungsunterlagen

Es wird viel Zeit in Anspruch nehmen, die ausführlichen Bewerbungsunterlagen auszufüllen. Man sollte dabei sehr sorgfältig und absolut wahrheitsgemäß vorgehen!

Diese Bewerbungsmappe, die in der Regel auf Englisch ist, sollte auch auf Englisch ausgefüllt werden, denn sie wird zu der amerikanischen Partnerorganisation geschickt und bildet die Grundlage für die Suche nach einer geeigneten Gastfamilie.

Hier sind einige Unterschriften – auch von den Eltern – zu leisten, wie zum Beispiel unter den Programmregeln der Partnerorganisation oder einer medizinischen Freistellung. Man sollte darauf achten, dass die Organisation eine Ausfüllhilfe und die entsprechenden Übersetzungen zu den einzelnen Abschnitten der Bewerbungsmappe zur Verfügung stellt.

Wichtige Teile dieser Unterlagen sind ein Brief des Schülers, in dem er sich der Gastfamilie vorstellt, ein Brief der Eltern, in dem sie ihr Kind so gut und realistisch wie möglich schildern, ein Empfehlungsschreiben des Englischlehrers und ein ausführlicher medizinischer Fragebogen:

Brief des Schülers

Dieser Brief ist oft ausschlaggebend, ob eine Gastfamilie sich für oder gegen einen Schüler entscheidet. Auch wenn es schwerfällt, sollte dieser Brief sehr persönlich, als ob man den Adressaten schon kennt, formuliert sein. Die positiven Seiten des Charakters gehören ebenso dort hinein wie die Negativen (die natürlich nicht in den Vordergrund gerückt werden sollten).

Ein paar Beschreibungen des Alltags zu Hause, der wirklich wichtigen Hobbies und Interessen sowie der Persönlichkeit aus eigener Sicht helfen einer möglichen Gastfamilie einzuschätzen, ob der Jugendliche wirklich zu ihnen passt.

Den Gedanken, die Wahrheit zurecht zu biegen, nur um sich in möglichst gutem Licht darzustellen oder weil man glaubt, einem vermeintlichen amerikanischen Ideal besser entsprechen zu müssen, sollte man ganz schnell wieder verwerfen! Wer beispielsweise in seinem Brief schreibt, dass er sehr gut mit kleinen Kindern klar kommt oder mit Haustieren gar keine Probleme hat, obwohl das nichts mit der Realität zu tun hat, kann in den USA sehr schnell von der Wirklichkeit eingeholt werden. Mit Ehrlichkeit und Offenheit fährt man am besten!

Übrigens muss hier nicht auf perfektes Englisch geachtet werden. Die Gastfamilien wissen, dass der Schüler auch kommt, um sein Englisch zu verbessern.

Brief der Eltern

Die Nachricht der Eltern muss ebenfalls auf Englisch verfasst werden und sollte ebenso offen, persönlich und herzlich formuliert sein wie der Brief des Schülers.

Auch hier ist es wichtig, dass die Eltern ihr Kind möglichst positiv, aber auch realistisch beschreiben. Wenn Eltern in erster Linie die negativen Eigenschaften in den Vordergrund stellen, wird die Gastfamiliensuche dagegen sicherlich schwierig. Kleine Unzulänglichkeiten, die wahrscheinlich jedem Teenager zum einen oder anderen Zeitpunkt eigen sind, können getrost weggelassen werden. Welchen Charakter hat der Schüler, wie gestaltet sich der Familienalltag, wie ist das Verhältnis zu den anderen Familienmitgliedern, welchen Beweggrund hatte man, sich für einen solchen Aufenthalt zu entscheiden? Das sind alles Punkte, die eine zukünftige Gastfamilie interessieren werden. Oft ist es hilfreich, wenn jemand, der die eigene Familie gut kennt, diesen Brief noch einmal gegenliest und seine Einschätzung abgibt. Manchmal ist man vielleicht etwas „betriebsblind", was das eigene Kind angeht. Menschen aus der näheren Umgebung können dann noch hilfreiche Aspekte beisteuern.

Empfehlungsschreiben des Lehrers

Hierbei handelt es sich in der Regel um ein Formular, auf dem der Englischlehrer Fragen beantworten und eine Einschätzung zur Eignung für einem Auslandsaufenthalt formulieren muss. Da dieses Schreiben oftmals sehr hilfreich für die High School ist, die den Schüler aufnehmen soll, ist es wichtig, dass es positiv ausfällt. Sollte das nicht der Fall sein (weil man vielleicht – was ja hin und wieder vorkommt – mit dem Englischlehrer auf Kriegsfuß steht), ist es sinnvoll, einen zweiten Lehrer hinzuzuziehen (dieser kann dann die Frage nach den Englischkenntnissen freilassen). Somit wird noch eine zweite Meinung beigesteuert. Denn eine negative Beurteilung durch den Englischlehrer bedeutet ja nicht, dass der Schüler grundsätzlich nicht geeignet ist.

Medizinischer Fragebogen

Für die USA sind sehr strenge Impfvorgaben zu erfüllen. Deshalb sollte man diesen Fragebogen unbedingt sorgfältig bearbeiten und noch fehlende Impfungen nachholen. Wer die Vorgaben nicht erfüllt, läuft Gefahr, keinen Schulplatz zu bekommen!

Neben den von der Organisation bereits vorgegebenen Impfungen verlangen manche High Schools zusätzliche Impfungen oder Tests. Ob das der Fall ist, erfährt man erst bei Erhalt der Platzierung oder wenn der Schüler bereits vor Ort ist, da diese Vorgaben auch immer wieder geändert werden. Sinnvoll ist es sicherlich nach der Platzierung bei der Gastfamilie oder dem örtlichen Betreuer (*Local Coordinator*) nach solchen Besonderheiten zu fragen. Impfungen, die in den USA nachgeholt werden müssen, oder medizinische Untersuchungen, die notwendig sind, wenn man in einer Schulmannschaft Sport betreiben will, werden in der Regel nicht von der Reisekrankenversicherung übernommen. Sie müssen vom Teilnehmer aus eigener Tasche bezahlt werden. Wer Allergien oder chronische Erkrankungen hat oder anderweitig medizinisch behandelt wird, sollte das spätestens hier, besser noch direkt bei der Erstbewerbung, aufführen!

Für alle Teile der Bewerbungsmappe gilt, dass sie natürlich sorgfältig, wahrheitsgemäß und ordentlich ausgefüllt werden müssen. Man sollte eine einheitliche Schriftfarbe benutzen, leserlich schreiben und die Fotos eines „Familienalbum" mit Bedacht auswählen. Allzu freizügige Fotos oder solche, auf denen der Schüler raucht und Alkohol trinkt (auch wenn das Trinken von Bier ab 16 hierzulande erlaubt ist), gehören nicht in die Bewerbungsmappe.

Bevor sie zur Organisation geschickt wird, sollte man noch einmal versuchen, sie möglichst objektiv aus der Perspektive einer potentiellen Gastfamilie zu betrachten.

Die Organisation wird die Bewerbungsmappe zwar Korrektur lesen und sich bei fehlenden Aspekten, unglücklichen Formulierungen oder unvorteilhaften Bildern (hoffentlich) beim Bewerber melden, aber dadurch geht Zeit verloren, in der die Bewerbungsmappe bereits in den USA zur Gastfamiliensuche genutzt werden könnte.

2.9 Versicherung

Ein Versicherungspaket muss für jeden Austauschschüler abgeschlossen werden. Es sollte eine Auslandskranken-, -unfall- und -haftpflichtversicherung enthalten. Eine Reisegepäckversicherung ist eine sinnvolle Ergänzung. Empfehlenswert ist auch eine Reiserücktrittsversicherung, die die Rückerstattung des Programmpreises gewährleistet, wenn man die Reise aus nicht vorhersehbaren Gründen nicht antreten kann.

Bei vielen Austauschorganisationen ist ein Versicherungspaket bereits im Programmpreis enthalten oder sie bieten die Vermittlung an. Der Vorteil ist, dass die Partnerorganisation in der Regel bei Fragen Hilfestellung leisten kann, weil ihr die Versicherung bekannt ist. Man sollte darauf achten, dass keine Selbstbeteiligung verlangt wird.

Die Reisekrankenversicherung sollte eine unbegrenzte Deckung gewährleisten. Wer allerdings eine Vorerkrankung hat, unter chronischen Erkrankungen leidet oder anfällig für Zahnprobleme ist oder wegen einer Zahnspange regelmäßig zum Kieferorthopäden muss, sollte sich im Heimatland nach einer zusätzlichen Versicherungsmöglichkeit erkundigen. Eine Reisekrankenversicherung greift nämlich in solchen Fällen meistens nicht.

Die Webseite der US-Botschft stellt infos und Formulare zur Verfügung

Die private Krankenversicherung kann während des Aufenthaltes in der Regel ruhen und die Eltern können so Prämien einsparen. Diesbezüglich sollte man mit seinem Versicherungsträger Rücksprache halten. Die gesetzliche Krankenversicherung läuft während des Auslandsaufenthaltes weiter.

Die Reisehaftpflichtversicherung bietet oft eine für amerikanische Verhältnisse geringe Deckungssumme und eingeschränkte Deckung bei Sachschäden. Im Falle eines Personenschadens und entsprechender Klage ist in den USA die Entschädigungssumme von einer Million Euro schnell erreicht. Man sollte sich deshalb bei seiner hiesigen Haftpflichtversicherung erkundigen, ob diese gegebenenfalls einspringt.

2.10 Visum

Die Beantragung eines Visums für die USA ist sehr aufwendig, kostet viel Zeit und oft auch Nerven. Schüler, die ihren Aufenthalt privat organisieren oder über ein Privatschulprogramm gehen, beantragen das F1-Visum. Diejenigen, die das „reguläre" Programm gebucht haben – und das ist die Mehrheit – beantragen das J1-Visum.

Die Organisation sollte dem Schüler eine ausführliche Anleitung zur Beantragung des Visums zur Verfügung stellen. Die Beantragung selber kann sie einem nicht abnehmen, weil jeder Antragsteller einen persönlichen Termin in der Botschaft oder dem Konsulat vereinbaren muss. Im Vorfeld dieses Termins ist das aufwendige Online-Formular *DS160* auszufüllen (dafür sollte man sich gut 1,5 bis 2 Stunden Zeit nehmen) sowie die Visa- und die SEVIS-Gebühr zu zahlen. Die Visagebühr liegt bei derzeit 120 € und die SEVIS-Gebühr bei 180 US$. Diese Gebühren können sich kurzfristig ändern. SEVIS bedeutet „Student and Exchange Visitor Information System" und wurde vom Department of Homeland Security entwickelt. Hier werden die Daten aller Gastschüler in den USA erfasst.

Die Organisation stellt zudem das Formular *DS2019* zur Verfügung, sozusagen die Eignungsbescheinigung, die zum Empfang des Visums berechtigt.

2.11 Gepäck und Einfuhrbestimmungen

Das ist leider ein Thema, bei dem es vor der Ausreise regelmäßig zu Panikausbrüchen kommt, besonders bei den weiblichen Programmteilnehmern, da nur eingeschränkt Gepäck mitgenommen werden darf – und ehrlich gesagt auch sollte!

Normalerweise haben die Schüler auf ihrer Reise ein Handgepäckstück und einen Koffer (bis 23kg) dabei. Gegen Gebühr kann man auch weitere Koffer mitnehmen, doch das sollte gut überlegt sein: Zum einen muss der Schüler die Gepäckstücke, einmal in den USA angekommen, selber handhaben können – und zwar auch, wenn er zum Beispiel umsteigt oder an einer Orientierungsveranstaltung in den USA teilnimmt. Zum anderen zeigt die Erfahrung, dass die meisten mitgebrachten Kleidungsstücke nicht lange benutzt werden. Die Schüler stellen sich lieber schnell auf den Kleidungsstil ihrer neuen Mitschüler um und kleiden sich neu ein. Keine Angst, das kann man in den USA vergleichsweise kostengünstig tun. Es finden sich sicherlich schnell Gleichgesinnte, die beim Finden des neuen amerikanischen Stils behilflich sind. Und für diejenigen, die sich vom „Shoppingrausch" erfassen lassen, ergibt sich vor Ort vermutlich schnell die Gelegenheit, einen zweiten Koffer oder eine weitere Reisetasche zu kaufen, um die neuen Schätze nach Hause transportieren zu können.

Für die Anreise empfiehlt es sich, die zur Jahreszeit passenden Lieblingsklamotten einzupacken, vielleicht auch etwas Formales für den sonntäglichen Kirchgang. Auch wenn man im Sommer ausreist, sollte ein Sweatshirt oder Pullover griffbereit sein, denn die Amerikaner kühlen alle Gebäude (gefühlt) auf Kühlschranktemperatur herunter. So mancher Schüler hat sich direkt am ersten Tag deswegen eine ordentliche Erkältung eingefangen.

Auch wenn es schwer fällt, sollte man die mögliche Gewichtsobergrenze für`s Gepäck von 23 kg nicht völlig ausschöpfen. Schon alleine deshalb nicht, weil das Limit für den inneramerikanischen Weiterflug, von der gebuchten Fluggesellschaft abhängt. Derjenige, dessen Flug von der Organisation gebucht wird, sollte von dieser über die Gepäckbestimmungen im Einzelnen informiert werden. Wenn das nicht automatisch passiert, sollte man auf jeden Fall nachfragen. Wer den Flug selber organisiert, kann sich auf den Webseiten der betreffenden Fluglinien über die Bestimmungen genau erkundigen.

Im Folgenden nun ein paar Hinweise dazu, was unbedingt in das Gepäck sollte und was zuhause bleiben kann:

Handgepäck

Das gehört rein:

- Reisepass mit den eingelegten Dokumenten der Botschaft (*DS2019*)!
- Bankkarten, Kreditkarte, Reiseschecks
- Impfpass
- Versicherungsunterlagen
- Flugticket
- Kontaktadresse der Gastfamilie und des Betreuers vor Ort
- Taschengeld für die ersten Tage (ca. 100 bis 200$)
- Notfallnummern der amerikanischen Organisation
- bei Teilnahme an einer „Orientation" zu Beginn des Programms: die Adresse des Aufenthaltsortes
- Wertgegenstände und elektronische Geräte (Auf keinen Fall in den Koffer!)
- Ersatzkleidung wie Unterwäsche und Socken, falls der Koffer verloren geht
- kleines Set an Hygieneartikeln, um sich zwischendurch frisch machen zu können (Zahnpasta und -bürste, Deo, Feuchtigkeitscreme …)
- eventuell benötigte Medikamente
- wer alleine reist, sollte ein Handy dabei haben, was im Notfall auch in den USA funktioniert – oder eine entsprechende Telefonkarte dabei haben

… das auf keinen Fall:

- Schere, Rasierer
- Feuerzeug
- Taschenmesser

Diese Sachen sind im Koffer gut aufgehoben.

Wenn Flüssigkeiten mitgenommen werden, müssen die Handgepäcksbestimmungen in Bezug auf die Mengen beachtet werden.

Koffer

Das gehört rein:

- Kleidung, evtl. auch etwas formalere Kleidung (Wirklich festliche Kleidung kann man vor Ort kaufen oder leihen.)
- Badezeug
- Reiseapotheke und falls benötigt verschreibungspflichtige Medikamente für die Zeit des Aufenthaltes (Bitte gegebenenfalls ein Attest des Arztes auf Englisch beifügen, in dem bestätigt wird, dass die Medikamente für den Eigenverbrauch bestimmt sind und wofür. Das erspart unter Umständen Ärger bei den Zollbehörden.)
- Adapter
- Schuhe (Auch hier gilt: nicht zuviel!)
- Erinnerungsfotos, evtl. ein Album
- Gastgeschenke

... das auf keinen Fall:

- Alkohol in jeglicher Form (Auch nicht als Gastgeschenk!)
- Fleisch
- Fisch
- Obst
- Käse
- Brot

Da sind die naheliegensten Dinge, die ein Austauschschüler bei der Einreise in die USA nicht mit sich führen sollte. Es gibt zwar Ausnahmeregelungen, aber man sollte bei einem ohnehin schon aufregenden Start in das Auslandsjahr nicht noch zusätzlich durch Experimente für Adrenalinstöße sorgen.

Die detaillierten und immer aktuellen Informationen zu diesem Thema kann man auf der Webseite der US Customs and Border Protection-Behöre abrufen. Hier der Link dorthin: www.cbp.gov/travel/international-visitors/know-before-you-go

Heute sind Gepäckstücke weniger sperrig – trotzdem sollte man sich beim Packen beschränken

Wer Gastgeschenke über einem Wert von 100$ einführt, wird hierfür Zoll bezahlen müssen. Der Betrag wird auf dem Zollformular abgefragt, das jeder Schüler auf dem Flug in die USA ausfüllen und bei der Einreise vorlegen muss.

Bei Einführung eines Geldbetrags über 10.000$ (egal, ob bar oder in Form von Schecks), muss dieser bei der Behörde angemeldet werden – wobei wir davon ausgehen, dass kein Austauschschüler in diese Situation kommt.

Auch wenn es für die Schüler an die Rückreise geht, sind die Zollbestimmungen für Deutschland zu berücksichtigen. Zurzeit können Flug- und Seereisende, die aus einem Nicht-EU-Land nach Deutschland einreisen, Waren im Wert von bis zu 430 € zollfrei einführen. Aktuelle und genauere Informationen findet man auf der Webseite des Deutschen Zolls: www.zoll.de

3 | Vor der Ausreise

3.1 Optimale Vorbereitung

Wer sich für einen Aufenthalt in den USA und für eine Organisation entschieden hat, sollte sich nun auf seinen Aufenthalt umfassend vorbereiten.

Die Organisation sollte nicht nur vorab in der Beratung von Eltern und Schülern gründlich sein, sondern auch nach Vertragsunterzeichnung weiterhin ein kompetenter und hilfsbereiter Ansprechpartner sein und alle wichtigen Informationen bereitstellen, zum Beispiel in Form von Informationsbriefen zu Themen wie Visum, Ausreisemodalitäten oder Platzierungsstand. Auch sollten die Mitarbeiter der Organisation weiterhin ein offenes Ohr für noch offene Fragen oder Sorgen haben.

Sinnvoll sind von der Organisation zur Verfügung gestellte Handbücher, im Idealfall für Eltern und Schüler, in denen man auch während des Aufenthaltes die wichtigsten Themen noch einmal nachschlagen kann. Denn in jeder Phase des Aufenthaltes können Fragen auftauchen, deren Antworten man nicht gleich aus dem Gedächtnis abrufen kann.

Ein ganz zentraler Punkt in dieser Phase ist ein Vorbereitungsseminar oder -treffen der deutschen Organisation. Dieses Seminar ist für die Schüler des Public High School-Programms, die mit einem J1-Visum in die USA einreisen, nach Vorgabe des Department of State in den USA verpflichtend. Eine Ausnahme ist nicht möglich; sie wäre auch nicht im Interesse des Schülers. Die Teilnahme für die Eltern ist freiwillig, aber durchaus sinnvoll, da sie hier die Gelegenheit haben, die Mitarbeiter der Organisation, mit denen man für die Zeit des Aufenthaltes mal mehr oder mal weniger zu tun hat, persönlich kennenzulernen. Das schafft unter Umständen eine Vertrauensbasis, die im Problemfall sehr von Nutzen ist.

Es gibt Seminare sowohl für Eltern und Schüler (die Themenschwerpunkte für beide Gruppen sollten narürlich unterschiedlich sein), als auch nur für Schüler. Die Anwesenheit von ehemaligen Austauschschülern, die von ihren eigenen Erfahrungen berichten, ist ein sehr wichtiger Bestandteil einer solchen Veranstaltung. Man sollte sicherstellen, dass darauf nicht verzichtet wird. Während dieses Seminars sollte auf alle wichtigen Punkte, die den Aufenthalt betreffen, und auf alle noch offenen Fragen kompetent eingegangen werden.

Die Schüler werden in Vorträgen und Workshops ganz besonders auf mögliche Konfliktsituationen und Lösungsmöglichkeiten vorbereitet. Hinweise auf die Programmregeln und vor allem die Besonderheiten der amerikanischen Gesetzgebung dürfen nicht fehlen, denn die unterscheidet sich von der deutschen erheblich. In den Kapiteln 4 und 5 gehen wir noch auf Gesetze und Konfliktpotentiale ein, die für Austauschschüler sehr wichtig sind.

In der Vorbereitungsphase ist es aber auch wichtig, dass Schüler und Eltern sich in Eigeninitiative informieren.

Wie schon erwähnt haben Schüler die Möglichkeit, mit ehemaligen Austauschschülern über deren Aufenthalt zu sprechen und Fragen zu stellen. Man sollte sich ruhig die Zeit nehmen und sich mit mehreren „Returnees" unterhalten. So bekommt man einen Eindruck davon, wie unterschiedlich jeder einzelne Aufenthalt ist! Wichtig in diesem Zusammenhang ist, das Gehörte zu relativieren, denn jeder bewertet bestimmte Situationen anders – seinem Charakter und seinen Erfahrungen entsprechend.

Eine ebenso gute Quelle sind Erfahrungsberichte von Ehemaligen, die leicht im Internet zu finden sind und auch eine ganze Bandbreite an verschiedenen Erlebnissen aufzeigen.

Viele Organisationen geben ihren Schülern eine Leseliste an die Hand, auf der Bücher zu den Themen Geschichte, Politik und Kultur empfohlen werden. Eine solche Liste findet sich auch im Kapitel „Nützliches".

Als Austauschschüler sollte man auch über sein Heimatland Bescheid wissen, denn die Wahrscheinlichkeit ist groß, dass man von unterschiedlichen Menschen darüber ausgefragt wird. Eine gute Stütze sind die Informationen der Bundeszentrale für politische Bildung, deren Schriften teilweise kostenlos angefordert werden können und nicht ganz so viel Raum und Gewicht im Gepäck einnehmen. Damit hat man im Zweifelsfall ein gutes Nachschlagewerk zur Hand.

Bundeszentrale für politische Bildung/bpb
Adenauerallee 86
53113 Bonn
www.bpb.de/shop/zeitschriften/informationen-zur-politischen-bildung/
www.bpb.de/izpb/

3.2 Gastfamilienauswahl und Schulplatz

Wenn die Bewerbungsmappe von der deutschen Organisation zu der Partnerorganisation in die USA geschickt wird, beginnt deren eigentliche Arbeit. Der Platzierungsprozess ist sehr kompliziert und dauert deshalb oft lange.

Das Department of State (eine Behörde des amerikanischen Außenministeriums) macht Vorgaben in Bezug auf Gastfamiliensuche und Schulplatzierung. Einige formale Schritte sind unbedingt geboten, bevor eine Platzierung in Sack und Tüten ist und den Schülern und Eltern mitgeteilt werden darf. (Die Vorgaben des Department of State finden sich im Originaltext im Kapitel „Nützliches".)

Die Richtlinien geben zum Beispiel vor, in welcher Form die Vorbereitung der Schüler stattzufinden hat, wie die Be-

treuung vor Ort aussehen muss und welchen Versicherungs-
schutz ein Schüler haben muss. Vom Department wird auch
sichergestellt, dass die amerikanische Organisation einen ge-
meinnützigen Status hat.

Auf Grundlage der Bewerbungsmappe wird nach einer geeigneten Gastfamilie gesucht. Nachdem die amerikanische
Organisation sich mit den Unterlagen beschäftigt hat, be-
auftragt sie die örtlichen Betreuer (Local Coordinator, Local
Representative, der übrigens nicht weiter als 120 Meilen von
„seinem" Schüler entfernt wohnen darf) nach einer möglichst passenden Gastfamilie für den Schüler zu suchen. Das
bedeutet aber nicht, dass die Gastfamilie die gleichen Interessen wie der Austauschschüler haben oder aus dem gleichen sozialen Umfeld kommen muss! Manchmal reizt eine
Gastfamilie gerade ein außergewöhnliches Hobby oder das
grundsätzliche „Anderssein" des Schülers, um sich gerade
für ihn zu entscheiden.

Viele Gastfamilien sind „Wiederholungstäter", das heißt
sie nehmen immer wieder Gastschüler bei sich auf, um
ihnen die amerikanische Kultur und Lebensweise nahe zu
bringen – eine Seltenheit in deutschsprachigen Ländern!
Hier ist es ungleich schwerer Gastfamilien für Austauschschüler zu finden und dann bleibt es oft bei einer einmaligen
Aufnahme.

Neben den altbekannten Gastfamilien ist eine amerikanische Organisation natürlich auch darauf angewiesen, immer wieder neue interessierte Gastfamilien zu finden. Dafür gibt es verschiedene Möglichkeiten, zum Beispiel durch
Empfehlung: Eine Gastfamilie erzählt in ihrem Freundes-,
Bekannten- oder Verwandtenkreis von ihrer Erfahrung und
weckt dadurch das Interesse bei anderen Familien. Diese
können dann Kontakt zur Organisation oder direkt mit dem
Local Coordinator aufnehmen.

Der örtliche Betreuer ist natürlich auch seinerseits aktiv und sucht nach geeigneten Familien. Wichtige Kontakte sind zum Beispiel die Kirchengemeinde, lokale Organisationen, die High School etc. Die Möglichkeiten sind vielfältig und sehr abhängig vom persönlichen Engagement und Netzwerk des Betreuers.

Viele Schüler und Eltern befürchten, dass die Betreuer mit den Gastfamilien befreundet sind und dadurch keine neutrale Position einnehmen können. Diese Bedenken sind aber in den häufigsten Fällen unbegründet. Es ist richtig, dass die meisten Gastfamilien über das persönliche Netzwerk gefunden werden und somit eine gewisse Verbindung bereits besteht. Aber oft lassen sich die Schüler von der weit verbreiteten unverbindlichen Art der Amerikaner täuschen und gewinnen den Eindruck, dass hier eine enge Beziehung besteht, obwohl das nicht zutrifft. Man merkt das spätestens, wenn sich der Betreuer im Problemfall tatsächlich neutral und objektiv verhält. Sollte das einmal nicht der Fall sein, sollte das Büro der Organisation kontaktiert werden.

Wenn sich eine interessierte Gastfamilie gefunden hat, wird der Local Coordinator sie besuchen, sich das Haus ansehen, Fotos machen und mit allen Mitgliedern der Gastfamilie sprechen, um zu erfahren, ob auch alle ein echtes Interesse am Austausch haben.

Auch muss der Betreuer mindestens zwei Referenzen der Gastfamilie überprüfen, die von Nicht-Verwandten oder in sonstiger Abhängigkeit stehenden Personen sein sollten.

Die Gastfamilie ist außerdem angehalten, ihre finanzielle Situation offen darzulegen, damit eingeschatzt werden kann, ob sie sich die Aufnahme eines zusätzlichen Familienmitgliedes überhaupt leisten kann. Allerdings ist die Organisation auf die Ehrlichkeit der Gastfamilie angewiesen, denn diese Angabe ist in der Regel freiwillig und muss nicht mit Gehaltsnachweisen oder ähnlichem belegt werden.

Auch muss sich die Gastfamilie damit einverstanden erklären, dass für alle Mitglieder über 18 Jahren ein Führungszeugnis (Criminal Backgroundcheck) eingeholt wird. Die Gastfamilie muss ihrerseits eine ausführliche Bewerbungsmappe ausfüllen und wird durch die amerikanische Organisation in Form eines Einführungsseminars auf ihre Rolle als Gastfamilie vorbereitet.

In der Regel hat ein Betreuer zu 10 bis 20 Gastfamilien Kontakt, bevor eine Platzierung tatsächlich zustande kommt.

Eine Familie, die noch unsicher ist und nicht weiß, ob die Aufnahme eines Gastschülers für längere Zeit tatsächlich in ihr Leben passt, hat die Möglichkeit erst einmal als sogenannte „Arrival" oder „Welcome Family" zu fungieren. Nach einer gewissen Zeit muss sie sich dazu entschließen, entweder den Schüler permanent aufzunehmen oder den Betreuer zu beauftragen, nach einer anderen Familie zu suchen. Dieses Ausprobieren ist durchaus auch im Sinne des Schülers, denn dadurch können beide Seiten erst einmal überprüfen, ob sie tatsächlich zusammenpassen. Diese Option wird meist von Gastfamilien wahrgenommen, die noch keine Erfahrung im Austausch gemacht haben. Erfahrungsgemäß werden aus den meisten „Welcome Families" permanente Gastfamilien. Manchmal wird auch eine „Welcome Family" in Anspruch genommen, wenn ein Betreuer sich sicher ist, dass er eine permanente Gastfamilie noch finden wird, vorerst aber schon einmal einen Schulplatz sichern möchte. Es kann auch sein, dass der Local Coordinator selbst erst einmal einen Schüler aufnimmt oder er bittet eine altgediente Gastfamilie, sich vorübergehend zur Verfügung zu stellen.

Erschwert wird die Suche unter Umständen durch nicht kalkulierbare Faktoren wie Krankheit oder plötzliche Arbeitslosigkeit eines Gastfamilienteils. Wenn das dazu führt, dass eine Familie keinen Gastschüler mehr aufnehmen kann, muss der Betreuer mit der Suche von vorne beginnen.

Eine größere Gastfamilie, in der die Gastmutter auch Local Coordinator ist (Regenia, Mitte hinten)

Man sollte im Hinterkopf behalten, dass man auch noch so gründlich überprüften Gastfamilien nicht „hinter das Gesicht" schauen kann! Natürlich wird sich eine Gastfamilie bei der Überprüfung des Hauses und dem Gastfamilieninterview von ihrer besten Seite zeigen. Die Realität sieht aber vielleicht (in sehr seltenen Fällen) anders aus. Man sollte einer Gastfamilie nicht gleich Böswilligkeit unterstellen, wenn das so ist. Die Herausforderung, ein bis dahin unbekanntes Familienmitglied bei sich aufzunehmen, kann sich im Nachhinein als Fehlentscheidung herausstellen. Wenn derartige Zweifel oder Eindrücke entstehen, sollte unbedingt die Organisation kontaktiert werden. Diese wird zusammen mit dem Teilnehmer und den Eltern überprüfen, ob dem tatsächlich so ist oder aber ob eventuell falsche Erwartungen gehegt wurden.

Neben der Gastfamilien-Suche ist die Sicherung eines Schulplatzes der wichtigste Aspekt der Vorbereitung in den USA. Wenn kein Schulplatz im Distrikt einer in Frage kommenden Gastfamilie zur Verfügung steht, kann sie keinen Austauschschüler aufnehmen. Es sei denn, es gibt eine Privatschule in der Nähe, die den Schüler nehmen will *und* der Schüler ist bereit, zusätzliche Schulgebühren zu zahlen. Der Kontakt zur örtlichen High School ist für den Betreuer sehr wichtig, da es meist nicht einfach ist, einen Schulplatz zu sichern. Auch bei einer High School sind mehrere Instanzen an der Entscheidung beteiligt und wenn erst nach Wochen ein negativer Bescheid ergeht, so kann der Local Coordinator erneut mit der Suche nach Gastfamilie und Schule beginnen.

Das Spektrum an Schulen ist groß, ebenso das ihrer Vor- und Nachteile. Eine größere High School zum Beispiel hat zwar ein vielseitigeres Kursangebot, aber ist eventuell anonymer. Es kann somit schwieriger sein, hier Anschluss zu finden, wohingegen man an einer kleineren High School schnell bekannt ist wie ein bunter Hund und dadurch vielleicht schneller Kontakte knüpfen kann. Vielleicht ist es hier auch einfacher, in einem der Sportteams aufgenommen zu werden. An größeren High Schools sind die Teams oft schon etabliert und sehr wettbewerbsbewusst, sodass es wahrscheinlich schwierig ist, als Neuling aufgenommen zu werden. Aber fragen schadet ja nicht.

3.3 Gastfamilie und Kontaktaufnahme

Wenn nach vielen Schritten alle Formalitäten erledigt sind und der Schulplatz gesichert ist, kommt der große Moment: Die Organisation leitet die Kontaktdaten und Unterlagen der Gastfamilie weiter.

Für viele Schüler und Eltern ist die Erleichterung groß, dass nun endlich eine Gastfamilie gefunden wurde, die Freude kennt keine Grenzen und man kann es kaum erwarten, mit seiner „Familie auf Zeit" in Kontakt zu treten. Manch einer ist aber vielleicht erst einmal enttäuscht oder gar entsetzt von dem Ort und der Gastfamilie. Das ist nicht ungewöhnlich und hängt oft damit zusammen, dass Schüler und/oder Eltern sich erst jetzt richtig klar machen, auf welches Abenteuer sie sich da eingelassen haben.

Ich kann nur empfehlen, die Platzierung erst einmal ganz offen und unvoreingenommen zu betrachten und der Gastfamilie, dem Ort und der Schule eine faire Chance zu geben. Denn der Erfolg eines High School-Aufenthaltes hängt nicht von der Größe des Ortes oder der vermeintlichen Attraktivität ab, sondern vielmehr von der Einstellung des Schülers und der Eignung der Gastfamilie, beziehungsweise davon, dass beide zusammenpassen. Ob es funktioniert, kann man nur vor Ort feststellen, nicht aufgrund der ersten Informationen. Es gibt Schüler, die sich in Chicago gelangweilt haben, und solche, die in einem kleinen Dorf in Wisconsin die beste Zeit ihres Lebens hatten.

Die Mehrzahl der Austauschschüler in den USA wird kleinstädtisch bis ländlich platziert, da das auch der überwiegenden Infrastruktur der USA entspricht. Und der Schüler geht schließlich in die USA, um den amerikanischen Alltag zu erleben.

Wenn ein Schüler offen und vorbehaltlos die Unterlagen und Informationen zu seiner Gastfamilie in Augenschein nimmt, ist das schon einmal ein weiterer wichtiger Schritt zu einem erfolgreichen Aufenthalt. Gerade was die Qualität der Fotos in den Unterlagen der Gastfamilie angeht, sollte man sich nicht täuschen lassen. Schließlich ist nicht jeder zum Fotografen geboren!

Nicht nur die geografischen Möglichkeiten einer Platzierung sind sehr vielfältig, auch die familiäre Konstellation kann sehr unterschiedlich sein. Oft erwarten Schüler und Eltern, dass nur „klassische" Gastfamilien in Frage kommen: Vater, Mutter und Gastgeschwister, idealerweise im gleichen Alter wie man selbst. Selbstverständlich gibt es diese Familien, aber auch andere Konstelletionen können interessant sein und durchaus Vorteile haben. Zum Beispiel ein älteres Ehepaar, das keine Kinder hat oder dessen Kinder schon aus dem Haus sind. Das ist überhaupt kein Grund, sich große Sorgen zu machen, denn die Generation der Rentner in den USA ist oftmals überraschend aktiv und jung geblieben. Ein großer Vorteil ist, dass solche Gasteltern mehr Zeit für den Schüler haben als berufstätige Eltern, die in der Regel einen langen Arbeitstag haben.

Eine andere nicht „klassische" Variante ist die Unterbringung bei einer alleinstehenden Person. (Selbstverständlich werden Mädchen nicht bei alleinstehenden Herren platziert.) Sinnvoll ist es natürlich, wenn der Schüler gefragt wird, ob er sich eine solche Konstellation vorstellen kann.

Noch eine Variante ist die Platzierung zusammen mit einem weiteren Austauschschüler. Der sollte aber nicht dieselbe Muttersprache sprechen, denn sonst würde man vielleicht zuviel zusammenglucken, statt sich intensiv um Integration in die neue Umgebung zu bemühen. Durch einen zweiten Gastschüler hätte man die Möglichkeit neben der amerikanischen noch eine weitere Kultur kennenzulernen – eigentlich ein Vorteil. Aber auch diese Option sollte der Schüler ablehnen können, wenn er sich damit nicht wohlfühlt.

Es gibt außerdem einige gleichgeschlechtliche Paare, die Gastschüler aufnehmen. Ob das in Frage kommt, müssen die Schüler und ihre Eltern entscheiden.

Die Unterbringung bei einer „klassischen" Gastfamilie, einem alleinstehenden älteren Ehepaar oder einem alleinerziehenden Elternteil wird als Normalfall angesehen. Es wird also nicht um Bestätigung gebeten, sondern allein die Entscheidung der Gasteltern berücksichtigt. Der Schüler muss die Platzierung akzeptieren und den Gasteltern eine Chance geben.

Mit der Gastfamilie im Sport-stadion

Grundsätzlich gilt, dass man die Aufnahme durch eine amerikanische Gastfamilie nie als Selbstverständlichkeit, sondern als Privileg ansehen sollte. Zumal sie es – jedenfalls im regulären Programm – unentgeltlich tut. Wichtig ist der Gastfamilie, dass man ihr dafür mit Dankbarkeit und Respekt begegnet. Anpassungsfähigkeit sollte daher eine zentrale Eigenschaft jedes Austauschschülers sein!

Eine Gastfamilie kann nie der Spiegel der eigenen Familie sein! Das sollte man auf keinen Fall erwartet werden. Gerade in der Auseinandersetzung mit eventuell ganz unterschiedlichen Lebensumständen und Standards kann der Schüler viel lernen. Gesellschaftsschichten hierzulande und in den USA lassen sich sehr schwer miteinander vergleichen, denn die Schere zwischen arm und reich geht dort sehr viel weiter auseinander als bei uns und der Begriff „Mittelschicht" umfasst eine größere Bandbreite als in Europa.

Auch ist es nicht ungewöhnlich, wenn man sich mit einem annähernd gleichaltrigen Gastgeschwisterkind ein Zimmer teilen muss. Das ist in den USA eher verbreitet, als im Heimatland.

Völlig deplatziert ist Kritik an der Hautfarbe oder Herkunft der Gastfamilie. Die USA sind heute mehr denn je Schmelztiegel verschiedener Nationalitäten, die sich als Amerikaner verstehen. In dieser Hinsicht wird bedingungslose Toleranz erwartet! Ähnliches gilt für die Religionszugehörigkeit. In dieser Beziehung ist die Vielfalt ebenso groß wie bei der ethnischen Herkunft. Im nächsten Kapitel wird auf das Thema Religion noch näher eingegangen (siehe Kapitel 4.3).

Nachdem man die ersten Unterlagen studiert hat, liegt es nun am Schüler, Kontakt zu seiner Gastfamilie aufzunehmen. Keine Angst vor der ersten Kontaktaufnahme! Die Gastfamilie erwartet keine perfekten Englischkenntnisse – weder von Schülern noch von Eltern.

Wer es sich traut, sollte ruhig zum Telefonhörer greifen oder mit der Gastfamilie „skypen". Natürlich ist der Aus-

Wenn es ernst wird

Hinweise für die Eltern: Der eine oder andere Schüler gerät nach Erhalt der Gastfamilienunterlagen regelrecht in Panik. Jetzt wird das, was vorher mehr oder weniger theoretisch im Raum stand, plötzlich real. Es wird ernst, das Abenteuer Auslandsjahr bekommt ein Gesicht und das kann für manchen sehr erschreckend sein. Einige Schüler suchen dann nach Gründen für eine Ablehnung der Platzierung: Der Ort ist zu weit abgelegen, die Schule zu klein, die Gastfamilie sieht komisch aus etc.

Auch wenn es Ihnen als Eltern schwer fällt, versuchen Sie, ihr Kind zu beruhigen und die Platzierung objektiv darzustellen. Verstärken Sie die Bedenken nicht.

Wenn Sie aber selbst ernsthafte Bedenken bezüglich der Platzierung haben, suchen Sie das Gespräch mit der Organisation und reden Sie in Ruhe darüber.

tausch per E-Mail auch eine gängige Form der Kommunikation mit der Gastfamilie. Jetzt kann man sich „beschnuppern" und vielleicht bestehende Bedenken überwinden. Auch kann man noch offene Fragen nach Familienalltag oder besonderen Interessen stellen.

Forderungen sollte man allerdings nicht stellen. Auch Hinweise zur Erziehung des neuen Familienmitglieds sollten nicht Thema zwischen Eltern und Gasteltern sein. In den kommenden Monaten bestimmen die amerikanischen Gasteltern die Regeln, die sich durchaus von den eigenen Maßstäben unterscheiden können.

3.4 Gastgeschenke

Spätestens wenn die Gastfamilie bekannt ist, sollte man sich mit diesem Thema befassen. Es ist sicherlich nicht einfach, ein Geschenk für zu diesem Zeitpunkt noch wildfremde Menschen zu besorgen. Vielleicht konnte man aber durch E-Mails und Telefonate schon Vorlieben herausfinden?! Eventuell war der Kontakt aber noch sehr spärlich oder aber die Gastfamilie ist noch gar nicht gefunden ...

Bei der Auswahl der Geschenke sollte die Idee im Vordergrund stehen, nicht der Wert oder die Größe! Letzteres besonders im Hinblick auf den eingeschränkten Platz im Koffer. Lieber zu einem späteren Zeitpunkt, wie zum Geburtstag oder Weihnachten, ein größeres Geschenkpaket aus Deutschland nachfordern, wenn man seine Gastfamilie gut kennt und weiß, wo die Vorlieben liegen.

Ein großer Hit bei Gasteltern und Gastgeschwistern sind eigentlich immer Süßigkeiten. Europäische Schokolade ist im Vergleich

Lebensmitteleinfuhr tabu!
Fleisch-, Wurst-, Back- und Käsewaren sowie Alkohol und Zigaretten sind als Geschenke aufgrund von Zollbestimmungen und Gesetzgebung in den USA absolut tabu!

Tee-Zeremonie

Ich selbst hielt es für eine ganz tolle Idee, ein Teegeschirr aus meiner ostfriesische Heimat als Gastgeschenk für meine neue Familie mitzunehmen und sie in die Teezeremonie einzuführen. Der Erfolg war aber leider nur mäßig. Ich glaube dieses Teegeschirr wurde nur einmal benutzt – zu der von mir angeregten Teestunde – und verschwand danach im Schrank, wo ich es noch Jahre später unangetastet gesehen habe. Leidenschaftliche Teetrinker gibt es in den USA eher selten und meine Gastfamilie gehörte definitiv nicht dazu.

zu der Amerikanischen um Längen besser und auch Gummibärchen sind mittlerweile ein richtiger „Klassiker". Es gibt amerikanische Gastfamilien, die noch Jahre nach der Abreise des Gastschülers sehnsüchtig auf das jährliche „Carepaket" aus Deutschland warten.

Einige Schüler machen sich auch die Mühe ein Fotoalbum mit Motiven der eigenen Familie, von Freunden, der Umgebung, vom Garten und von heimatlichen Sehenswürdigkeiten zu gestalten. Das ist ein hervorragender Eisbrecher für die ersten Stunden bei der Gastfamilie und man kann damit die ersten sprachlichen Hemmungen ganz wunderbar überwinden.

Selbstverständlich haben – wie schon erwähnt – freizügige Fotos oder solche mit Alkohol im Bild in einem solchen Album nichts zu suchen!

Auch deutsche Kochbücher auf Englisch oder Bildbände von Deutschland oder der Heimatregion eigenen sich prima für den ersten gemeinsamen Abend mit der Gastfamilie. Kleinere Gastgeschwister kann vielleicht ein kleines Lego-Set begeistern, obwohl es die mittlerweile auch in den USA gibt.

Originelle Kaffeetassen mit einem lokalen Bezug sind sicherlich auch ein Geschenk, das nicht für immer im Schrank der Gastfamilie verschwindet.

Die Suche nach dem richtigen Gastgeschenk: Ein Bierseidel macht vielen Amerikanern Freude

Ebenso kommen T-Shirts und Baseballkappen bei den Gastfamilien immer gut an. Hier kann man überregionale Motive oder auch regionale Motive wählen, wenn man die Größen der Gastfamilie kennt oder ungefähr einschätzen kann. Ganz sicher findet hier jeder etwas Witziges für seine Familie auf Zeit.

Wenn wir auch selbst diese Dinge nicht kaufen würden, „typisch Deutsches" findet bei den Amerikanern eigentlich immer Anklang. Sollte es der Platz im Koffer erlaubt oder man reist doch mit einem zweiten Koffer, sind ein Bierstein (wenn er nicht gerade für eine mormonische Familie gedacht ist) oder eine kleine Kuckucksuhr ein gern gesehenes Geschenk. Und Kunsthandwerk aus dem Erzgebirge ist sicherlich ein schönes Geschenk zu Weihnachten.

Eine Vielzahl an möglichen Gastgeschenken finden sich im Netz, beispielsweise unter www.gastgeschenke.net oder www.mygermanstore.de.

4 | Im Land

4.1 Typisch Amerikanisch? Typisch Deutsch? – Auseinandersetzung mit Vorurteilen

Der Schüler wird während seines Aufenthaltes nicht umhin kommen, sich mit dem Deutschland-/Europabild der Amerikaner auseinanderzusetzen.

Generell sind Deutschland und die Deutschen in den USA sehr beliebt und anerkannt – es sei denn, die deutsche Regierung geht wieder einmal auf Distanz zu geopolitischen Muskelspielen mancher amerikanischer Politiker. Viele Amerikaner haben – mehr oder weniger weit zurückreichende – deutsche Wurzeln oder einmal über das Militär eine gewisse Zeit in Deutschland verbrach. In jedem Fall werden sie begeistert davon erzählen. Deutschland bedeutet für die meisten Amerikaner immer noch Bier, Wurst, Lederhosen, Sauerkraut und Brot. In vielen Orten in den USA gibt es mittlerweile auch ein jährliches Oktoberfest, das gut besucht wird.

Die Amerikaner schreiben uns eine Vielzahl an Attributen zu. Zum Beispiel: Die Deutschen sind ...

- nicht sehr serviceorientiert
- aggressive/schnelle Autofahrer (Autobahn!)
- regelversessen
- obrigkeitshörig
- gebildet
- effektiv
- pünktlich
- fleißig
- reserviert
- hektisch, immer in Eile
- distanziert/steif
- nehmen alles sehr genau
- und beklagen sich öfter

Umgekehrt kommt natürlich auch der deutschsprachige Schüler mit einem bestimmten Bild von den USA und seinen Bewohnern in das Land. Ein paar typische Vorurteile:

Die Amerikaner ...

- essen hauptsächlich Junk Food
- sind laut und übertrieben
- packen in alle Getränke Unmengen von Eis
- kaufen alles in XXL-Verpackungen
- sind verschwenderisch
- meist übergewichtig oder Fitnessfanatiker
- ungebildet
- oberflächlich
- waffenvernarrt
- extrem freundlich
- hilfsbereit
- legen selbst kleinste Strecken mit dem Auto zurück
- sind innovativ/abenteuerlustig
- locker
- verklemmt/prüde
- haben kein Benehmen
- machen gerne Komplimente und loben ausgiebig

Vielleicht nimmt man sich einfach einmal die Zeit und erstellt seine eigene Liste mit Dingen, die man für typisch Amerikanisch hält und macht sich Gedanken darüber, warum das so ist.

Besonders interessant wird es, wenn man die Aufstellung nach dem Aufenthalt noch einmal zur Hand nimmt und anhand der Erfahrungen überprüft. Die eine oder andere überraschende Feststellung wird man dann vielleicht machen können.

Einige der aufgeführten Vorurteile widersprechen sich auch. Zeigt das nicht, dass hinter jedem vielleicht auch ein Körnchen Wahrheit steckt?!

Häufig sind die Austauschschüler erst einmal über die Wissenslücken bei vielen Amerikanern erstaunt, insbesondere, was die Deutsche Geschichte zur Zeit des „3. Reiches" angeht. Es gibt immer wieder Schüler, die gefragt werden, was Hitler denn heutzutage so macht und wissen gar nicht, wie sie mit dieser Situation umgehen sollen. Auch ist vielen das Ausmaß der Verbrechen des „3. Reiches" nicht bewusst. Da hilft kein Verärgert- oder Beleidigtsein, sondern Aufklärung. Man kann dem Geschichtslehrer zum Beispiel anbieten, ein Referat über diesen Teil der Geschichte zu halten. Wenn es in großem Rahmen nicht möglich ist, sollte man denjenigen, die solche Dinge äußern, die Sache ruhig erklären.

Schon kurz nach der Ankunft wird man merken, dass Nachrichten aus Europa kaum eine Rolle spielen. Das liegt vermutlich daran, dass die USA ein sehr großes Land sind und kaum Nachbarländer haben, die auf das Leben eines

Klischees: Die halbe Wahrheit

Während meiner vielen Besuche in den USA sind mir hoch gebildete und eher einfach strukturierte Menschen begegnet. Ich habe es mit freizügigen Menschen zu tun gehabt und mit solchen, die die Distanz wahrten und eher prüde erschienen. Innerhalb von 5 Minuten habe ich es mit extrem hilfsbereiten Menschen zu tun gehabt und mit solchen die, obwohl ich sie freundlich angesprochen habe, einfach weitergelaufen sind. Mir sind Menschen begegnet, die politisch sehr kritisch waren und solche, die die Regierungspolitik niemals in Frage stellen würden. Ich habe es mit sehr oberflächlichen Menschen zu tun gehabt, die am nächsten Tag nicht mehr wussten, dass sie mich anrufen wollten, und ich habe tiefe Freundschaften mit Amerikanern, die seit Jahrzehnten halten. Aber auch ich bin nicht frei davon, immer mal wieder mit dem Satz „Das war ja jetzt wieder mal typisch amerikanisch …" herauszuplatzen.

Durchschnittsamerikaners einwirken – nicht einmal bei Urlaubsreisen. Eine gewissermaßen isolierte Lage, die den sehr selbstbezogenen Blick auf das eigene Land erklären kann.

Man sollte aber nicht zu pauschal urteilen, sondern sich bemühen, die historischen, gesellschaftlichen und geografischen Gegebenheiten, die zur Herausbildung einer amerikanischen Mentalität geführt haben, mitzudenken und zu differenzieren. Und selbstverständlich sind Klischees nicht mit der Wiklichkeit gleichzusetzen (siehe Kasten).

4.2 Do's and Dont's – Fettnäpfchen vermeiden

Um die gröbsten Fehler zu umgehen und den Einstieg in den amerikanischen Alltag zu erleichtern, sollte man einige typische Verhaltensweisen kennen.

Open Door
Was für viele Austauschschüler ungewohnt ist, ist die Angewohnheit in den meisten Gastfamilien, die Tür zum Schlafzimmer nicht zu schließen – außer man kleidet sich um. Auch zur Schlafenszeit bleibt sie in der Regel offen. Wer damit Probleme hat, sollte trotzdem nicht einfach die Tür schließen, wenn der Rest der Familie die Türen offen lässt, sondern das Gespräch suchen und erklären, dass das zu Hause unüblich ist. Vielleicht findet sich ein Kompromiss.

Privatsphäre
In diesem Zusammenhang ist auch wichtig zu wissen, dass amerikanische Kinder und Jugendliche sich meist wenig in ihren Zimmern aufhalten, sondern die Hausaufgaben zum Beispiel in der Küche oder im Wohnzimmer machen und sich auch dann nicht zurückzuziehen, wenn sie Freunde zu

Besuch haben. Sie sind eben dort, wo der Rest der Familie sich aufhält und sie unter Aufsicht sind – besonders dann, wenn sie unterschiedliche Geschlechter haben.

Wer sich häufig zurückzieht, hinterlässt bei der Gastfamilie den Eindruck, dass man sie nicht mag oder dass etwas nicht stimmt. Auch hier heißt es: Fühler ausstrecken und sich an dem Verhalten der restlichen Familienmitglieder orientieren. Am besten sucht man das direkte Gespräch und fragt, was üblich ist oder erklärt, warum man auch einmal alleine sein möchte. Dabei sollte man betonen, dass das nichts mit der Gastfamilie zu tun hat, sondern aus der gewohnten Lebensweise herrührt.

Dankbarkeit zeigen

In amerikanischen Familien ist es üblich mehr „Danke" zu sagen, als es hier vielleicht normal ist. Das wird natürlich auch vom neuen Familienmitglied erwartet. Der Weg in das Herz einer jeden Gastmutter führt über die Dankbarkeit: Sich immer auch für Kleinigkeiten deutlich zu bedanken, sollte man nicht versäumen, auch wenn das vielleicht aus eigener Sicht inflationär erscheint. Es ist ein relativ einfacher Weg, ein positives Verhältnis zur Gastfamilie aufzubauen und auch zu erhalten.

Ebenso selbstverständlich sollte es sein, immer wieder Hilfe im Haushalt anzubieten, wenn man nicht ohnehin feste Aufgaben übertragen bekommt und dass diese ohne Diskussionen und zuverlässig zu erledigen sind.

Patriotismus

Amerikaner sind stolz auf ihr Land und zeigen das auch immer wieder deutlich: In vielen Vorgärten und an Häusern weht die amerikanische Flagge, die Nationalhymne wird bei jeder Gelegenheiten textsicher mitgesungen und Kritik, gerade von Nichteinheimischen, hört man nicht gerne – auch wenn man damit vielleicht sogar die Meinung der Gastfamilie unterstützt. Hier sollte man, auch wenn es schwer fällt, gerade in der ersten Zeit sehr zurückhaltend sein.

Religion

Zurückhaltung gilt auch, wenn es um Religion geht! Viele Amerikaner sind sehr religiös und reagieren verletzt, wenn man als Austauschschüler versucht, über Sinn und Nutzen der Frömmigkeit zu diskutieren.

Kleidung

Bei der Wahl der Kleidung sollte man sensibel sein. T-Shirts mit allzu frechen Sprüchen und Motiven, sehr kurze Shorts oder Röcke sowie Tank-Tops oder Shirts mit Spaghettiträgern lässt man besser zu Hause. So

Der Sternenbanner wird überall und voller Stolz präsentiert, hier auf einer Veranda in Prescott, AZ

etwas könnte bei einer Gastfamilie schlecht ankommen oder in der Schule zu Ärger führen. Falls es an der High School Kleiderregeln gibt, sollte man die natürlich einhalten. Die gleiche Kleidung an zwei aufeinander folgenden Tagen zu tragen, erweckt den Eindruck, dass man es mit der Körperpflege nicht so genau nimmt.

Ausdrucksweise

Schimpfwörter sind nicht akzeptabel und gerade in Gegenwart von Erwachsenen absolut zu vermeiden. In einigen Familien kann es auch verboten sein, Lieder zu hören, in denen Schimpfwörter oder sexuelle Anspielungen vorkommen.

Gerade in der Anfangsphase hilft es, sein Umfeld genau zu beobachten und sich an dem Verhalten von Gastfamilie und Gastgeschwistern zu orientieren. Ansonsten fragen, fragen, fragen!

4.3 Das Familienleben

Das Familienleben wird bei jedem einzelnen Austauschschüler unterschiedlich sein. Es kommt u.a. auf die Familienkonstellation an: lebt man bei einer alleinstehenden Person oder einem alleinstehenden Ehepaar, bei einer Großfamilie, einem jungen Ehepaar mit kleinen Kindern oder in einer Gastfamilie mit gleichaltrigen Geschwisterpaaren.

Und wo liegen die Interessen der amerikanischen Gastfamilie? Ist sie sehr aktiv, haben die Mitglieder Hobbies und unternehmen viel in der Freizeit? Oder genießen sie die freie Zeit an den Wochenenden lieber zu Hause und arbeiten im Garten und schauen Fernsehen? Bei der Gestaltung des Familienalltags spielt natürlich auch die finanzielle Situation der Gastfamilie eine Rolle. Nicht jede Familie hat die finanziellen Möglichkeiten, in der Freizeit kostspielige Unternehmungen zu machen.

In den meisten „klassischen" Familien arbeiten beide Elternteile und das auch oft sehr viel, so dass unter der Woche kaum Zeit bleibt, sich um familiäre Dinge zu kümmern.

Viele amerikanische Kinder werden dazu erzogen, unabhängig und umsichtig zu sein. Dazu gehört auch ein hohes Maß an Selbstbewusstsein – und das legen viele Kinder auch an den

Tag. Es wird viel mehr gelobt, als das hierzulande der Fall ist. Kritik wird selten und wenn, dann meist verhalten geübt.

Weil viele Eltern unter der Woche nicht viel Zeit für ihre Familie haben, konzentriert sich die Freizeitgestaltung des Wochenendes oft auf die Kinder, beispielsweise indem die Eltern sie zu Sportwettkämpfen begleiten und sich hinsichtlich der Unternehmungen nach deren Wünschen richten.

Da die Amerikaner aufgrund der Größe des Landes und der beruflich bedingten Flexibilität oft weit entfernt von ihren Verwandten wohnen, ist das Familienleben meist auf den Kreis der Kleinfamilie beschränkt. Andere Familienmitglieder trifft man zu Thanksgiving oder Weihnachten.

Die Rollenverteilung in der Gastfamilie ist vorwiegend konservativ. Die Eltern oder einzelne Elternteile treffen die Entscheidungen. Auf Augenhöhe mit Jugendlichen wird eher selten diskutiert und die Kinder haben sich den Vorgaben der Eltern unterzuordnen. Es wird erwartet, dass sie Gehorsam zeigen.

Austauschschüler, die es gewohnt sind, über noch so kleine Entscheidungen der Eltern zu diskutieren, um Kompromisse zu erreichen, werden hier schnell an ihre Grenzen stoßen. Wer „uneinsichtig" bleibt, riskiert unter Umständen seinen Platz in der Gastfamilie, wenn sie sich mit diesem Verhalten auf Dauer nicht abfinden will und ihre Autorität missachtet sieht.

Im Alltag dreht sich in der Regel alles um den Beruf (bei den Gasteltern) und die Schule (bei den Gastgeschwistern). Da der Unterricht, Sport und AG's (Extracurricular Activities) oft bis in den späten Nachmittag dauern, sind Verabredungen mit Freunden unter der Woche eher selten. Schließlich müssen natürlich auch noch Hausaufgaben gemacht und eventuell für Tests und Arbeiten gelernt werden. Auf gute Noten wird seitens der Schule und der Gastfamilie oft sehr viel Wert gelegt.

Mit Freunden trifft man sich in der Regel am Wochenende. Aber es ist nicht ungewöhnlich, dass auch dann viele Jugendliche „ausgebucht" sind, weil sie zum Beispiel jobben oder ehrenamtlich arbeiten. Als Austauschschüler ist man immer auf Fahrgelegenheit angewiesen, da ein öffentliches Nahverkehrssystem, außer in den größeren Städten, so gut wie nicht vorhanden ist. Da man als Austauschschüler selber nicht fahren darf, ist man auf die Gasteltern oder Freunde mit Führerschein angewiesen. Viel Zeit verbringen Eltern damit, ihre Kinder von A nach B zu kutschieren und natürlich auch wieder abzuholen. Da dem Grenzen gesetzt sind, muss man sich als Austauschschüler darauf einstellen, dass die Bewegungsfreiheit sehr viel geringer als im Heimatland ist.

Bei vielen Gastfamilien spielen Haustiere eine große Rolle und sind in etlichen Haushalten zu mehreren vertreten. Das bedeutet aber nicht zwangsläufig, dass sie nach hiesigen Standards auch gepflegt und umsorgt werden. Tiere, die im Haus gehalten werden, sind sich tagsüber oft selbst überlassen. Das hat manchmal zur Folge, dass die hygienischen Verhältnisse aus unserer Sicht nicht ganz optimal sind.

4.3 Religion

Gut 80 % aller Amerikaner bezeichnen sich als Christen (es gibt ungefähr 250 unterschiedliche Kirchen und Ausrichtungen) und ungefähr 60 % besuchen regelmäßig den Gottesdienst. Für Gastschüler sollte die Integration in diesen Teil des alltäglichen Lebens selbstverständlich sein.

Der erste Verfassungssatz verbietet die Einrichtung einer Staatskirche. Das hat seinen Ursprung bei den Gründervätern der USA, die Europa verlassen haben, um ihre Religion in Freiheit und ohne Restriktionen ausüben zu können. Diese schon im 18. Jahrhundert praktizierte Religionsfreiheit

Kirche und Gemeindezentrum des Ortes Paradox am Fuß der Rockys

zeigt sich heute in der Vielzahl an Kirchen und religiösen Gruppen. Sie ist seit jeher ein hohes Gut und die Toleranz gegenüber den unterschiedlichen Konfessionen ist in den USA außerordentlich hoch. Wenn religiöse Gruppen wie Scientology und die Mormonen bei uns sehr argwöhnisch betrachtet werden, so wird in den USA darüber kaum diskutiert.

Die Kirchen werden weder vom Staat noch durch von diesem eingezogene Kirchensteuern unterstützt, sondern sind allein auf Spenden angewiesen. Somit ist ein aktives Gemeindeleben Kern jeder Religionsgemeinschaft. Gerade in den überwiegend ländlichen Gebieten haben die Kirchen-

Religiosität

Im Vorfeld bitte keine allzu großen Sorgen wegen der Religiosität der Gastfamilie machen! Sie weiß, dass sie keinen religiösen Druck ausüben darf! Außerdem: Es ist schon vorgekommen, dass ein atheistischer Gastschüler sich im Bible Belt auf einer christlichen Schule wohlgefühlt hat – und das ohne seine Grundüberzeugung geändert zu haben.

gemeinden eine wichtige kulturelle und soziale Funktionen. Hier tauscht man sich aus und findet Hilfe – ein nicht weg zu denkender Teil des amerikanischen Alltags. Das, was der Staat nicht leistet, wird größtenteils von den Kirchengemeinden aufgefangen.

Unter den Amerikanern ist eine religiöse Grundhaltung selbst bei nicht sehr Frommen weit verbreitet und dem Bekenntnis Atheist zu sein – bei uns mittlerweile nicht ungewöhnlich – wird mit Vorbehalten begegnet. Für Jedermann ersichtlich ist diese Haltung im Allgegenwärtigen „God Bless America" und sogar auf Münzen und Geldscheinen erscheint „In God We Trust".

In der High School ist das morgendliche „Pledge of Allegiance" (Treuegelöbnis) ein tägliches Ritual und auch hier spiegelt sich die allgemeine Religiosität wider: „I pledge allegiance to the flag of the United States of America, and to the republic for which it stands, one nation under God, indivisible, with liberty and justice for all." (Ich gelobe Treue gegenüber der amerikanischen Flagge und gegenüber der Republik, für die sie steht, einer Nation unter Gott, unteilbar, freiheitlich und gerecht für alle.)

Die teilweise recht forsche Fernseh- und TV-Werbung der Kirchen und religiösen Gemeinschaften ist ebenso normal wie die TV-Prediger der Mega-Kirchen.

Das Gemeindeleben und der Gottesdienst in den USA sind in der Regel viel ungezwungener, als man es hierzulande gewöhnt ist. Das ist für viele Teenager sehr attraktiv: Es gibt Jugendgruppen, die einen eigenen Gottesdienst haben, verschiedene Freizeitangebote wie Film- und Bowlingabende, Ausflüge an Wochenenden und eventuell gemeinsame Reisen. Für viele Austauschschüler ist die Kirche eine gute Möglichkeit, den Freundeskreis zu erweitern – und das sollte unbedingt genutzt werden.

Eine Besonderheit, mit der sich ein Gastschüler unter Umständen auseinandersetzen muss, ist der Kreationismus – die Überzeugung, dass es eine Evolution gemäß Darwin nicht gegeben hat, sondern dass Gott die Welt buchstäblich so erschaffen hat, wie es in der Bibel steht. Gut 40 % der christlichen Gläubigen sind Kreationisten, also protestantische Fundamentalisten, die die Bibel wörtlich nehmen. Das spiegelt sich unter Umständen trotz der Trennung von Staat und Kirche in der High School wieder. Da wird das Thema Evolution im Biologieunterricht vielleicht einfach ignoriert. Das ist möglich, weil es keinen allgemeinen Lehrplan gibt und Schuldistrikte und Schulen viel Freiheit in Bezug auf die Unterrichtsplanung haben.

4.4 Amerikanische Feiertage und Feste

Neben den uns bekannten Feiertagen wie Weihnachten (Christmas), Ostern (Easter) und Neujahr (New Year) und dem in den USA sehr wichtigen „Thanksgiving" (Erntedankfest) gibt es in den USA noch eine Vielzahl an weiteren Feiertagen, die einen nicht christlichen, sondern geschichtlichen Ursprung haben. Viele Feiertage sind auf einen Montag gelegt worden, so dass sich die Möglichkeit ergibt, ein langes Wochenende vielleicht für eine kurze Reise zu nutzen. Allerdings betrifft das nur Angestellte in Büros, Banken etc. sowie Arbeiter. Die Beschäftigten im Einzelhandel kommen nicht in diesen Genuss, da die Geschäfte in den USA – außer am Weihnachtsfeiertag – immer geöffnet haben.

Thanksgiving
Dieser Tag ist neben Weihnachten der wichtigste Feiertag in Amerika. Er wird jeden 4. Donnerstag im November gefeiert. Oft wird für ein langes Wochenende Urlaub genommen,

Das klassische Thanksgiving-Gericht: ein knuspriger Truthahn

um Freunde und Familie zu besuchen und das Fest gemeinsam zu begehen.

Wer in der Nähe von New York wohnt, hat vielleicht die Gelegenheit, die bekannte „Macy's Thanksgiving Day Parade" zu verfolgen. Dieser Feiertag geht zurück auf die Pilgerväter, die ihn ein Jahr nach ihrer Ankunft 1620 in Massachusetts gemeinsam mit den dort lebenden Indianern begingen, um ihnen für ihre Hilfe bei der Eingewöhnung zu danken. Die einheimischen Indianer hatten den Siedlern gezeigt, wie man Getreide und Mais anbaut und so deren Überleben gesichert.

Thanksgiving wird heute nicht nur begangen, um Dankbarkeit für den Wohlstand zu zeigen, den dieses Land den

Thanksgiving im Film

Das Thema Thanksgiving wird (oft satirisch) in einigen Hollywoodfilmen behandelt. Wer möchte, kann sich zum Beispiel mit „Familienfest und andere Schwierigkeiten", „Ein verrücktes Paar" oder „Der Eissturm" darauf einstimmen.

Weihnachtsfeier im Kreis der Familie

Menschen gebracht hat, sondern auch um den Mut der Pilgerväter zu ehren.

In der Küche wird zu Thanksgiving traditionell „Turkey" (Truthahn), „Cranberry Sauce" (Preiselbeersauce), „Potatoes/ Sweet Potaotes" (Kartoffeln/Süßkartoffeln) und „Pumpkin Pie" (Kürbiskuchen) zubereitet – alles Speisen, die auch damals schon gereicht wurden.

Christmas

Die Amerikaner feiern die Geburt Jesu am 25. Dezember. Die Vorweihnachtszeit ist geprägt von Christmas Parties, dem Kaufen von Geschenken und dem Schmücken von Häusern, und Vorgärten. Der oft immens große Weihnachtsbaum, wird manchmal schon Wochen vor dem eigentlichen Feiertag aufgestellt und dekoriert. In Kaufhäusern können Kinder bei Santa Claus anstehen, um ihm ihre Wünsche mitzuteilen.

In nur wenigen christlichen Familien wird am 24. Dezember abends gefeiert, wie es bei uns üblich ist. Bei den meisten Familien ist die Bescherung am Morgen des 25. Dezember – und zwar oft noch im Schlafanzug.

Wer kleine Gastgeschwister hat, wird sicherlich die Geschichte zu hören bekommen, dass Santa Claus am Vorabend mit seinem Rentierschlitten durch die Lüfte reitet, um durch den Kamin hindurch in das Wohnzimmer zu kommen, dort die Geschenke abzulegen und die am Kamin aufgehängten Socken zu befüllen. Vielfach werden Milch und Kekse aufgestellt, damit Santa Claus sich vor seiner Weiterreise stärken kann. Geschenkt wird oft mit einem hohen – auch finanziellem – Aufwand. Der 25. Dezember wird dann mit einem festlichen Essen im Familien- und/oder Freundeskreis begangen. Der Besuch eines Gottesdienstes ist für die Mehrheit selbstverständlich.

Easter

Wie überall in der christlichen Welt ist Ostern ein bewegliches Fest. Es findet am Sonntag nach dem ersten Frühlingsvollmond im März oder April statt. Wie zu Hause werden Eier bemalt und die Kinder suchen nach Süßigkeiten und/oder Eiern. Auch das ist ein Tag, den man gemeinsam mit der Familie verbringt.

Bei diesen drei Feiertagen ist es sehr wichtig, dass man sie als Gastschüler gemeinsam mit der Gastfamilie verbringt. Allein die Frage, ob man sie vielleicht außerhalb der Gastfamilie verbringen kann, ist für die meisten Gastfamilien sehr verletzend.

Independance Day (Unabhängigkeitstag)

Jedes Jahr am 4. Juli wird die im Jahr 1776 unterzeichnete Unabhängigkeitserklärung gefeiert. Für jeden Austauschschüler ein einmaliges Erlebnis, weil es sehr deutlich zeigt, wie stolz die Amerikaner auf ihr Land sind. Überall wehen Flaggen, es werden Paraden abgehalten, Konzerte veranstaltet usw. Dieser Tag wird oft mit gemeinschaftlichen Picknicks begangen und der Höhepunkt sind die landesweit gezündeten Feuerwerke.

Memorial Day (Totengedenktag)

Am letzten Montag im Mai wird in Gedenkveranstaltungen an verschiedenen Orten der Toten gedacht. Ursprünglich galt dieser Tag den Kriegsopfern, heute aber allen Verstorbenen.

Labor Day (Tag der Arbeit)

Am Labor Day finden landesweit viele Paraden statt, um die arbeitende Bevölkerung zu ehren.

Mit diesem Tag läuten die meisten Amerikaner auch das Ende der Sommerferien ein; für viele Schüler beginnt danach das neue Schuljahr.

Veterans Day (Tag der Vetranen)

Veterans Day ist der Feiertag, der zu Ehren aller amerikanischen Veteranen am zweiten Montag im November begangen wird.

Der Tag bietet wieder eine Gelegenheit, um vielerorts Paraden abzuhalten. Diese werden von Veteranenverbänden organisiert. Außerdem legt der amerikanische Präsident alljährlich an diesem Tag einen Kranz am Grab des unbekannten Soldaten (Tomb of the Unknown) ab.

Columbus Day

Am zweiten Montag im Oktober wird die Entdeckung der Neuen Welt durch Christoph Kolumbus im Oktober 1492 gefeiert.

Martin Luther King Day

Am dritten Montag im Januar wird des charismatischen Bürgerrechtlers Martin Luther King gedacht, der sich mit großem Erfolg für die Bürgerrechte aller – insbesondere aber der afroamerikanischen Bevölkerung – einsetzte und 1969 ermordet wurde.

President's Day

Ursprünglich wurde an diesem Tag, der auf den dritten Montag im Februar fällt, der Geburtstag George Washingtons (der erste Präsident der USA) gefeiert. Da aber schon wenige Wochen später, im Februar, Abraham Lincolns (Präsident während des amerikanischen Bürgerkriegs) gedacht wurde, legte man diese beiden Tage zusammen. Heute gilt der President's Day allen amerikanischen Präsidenten.

Je nach der kulturellen Prägung der Regionen oder der größeren Städte werden auch spezielle Bräuche gepflegt, die in engem Zusammenhang mit der ethnischen Herkunft der Bewohner stehen:

St. Patrick's Day

Am 17. März wird dieser irische Feiertag zu Ehren des irischen Schutzheiligen begangen. Prägnanteste Veranstaltung ist die St. Patrick's Day Parade in New York City. An diesem Tag „ist jeder ein bisschen irisch" und es gibt nur wenige, die an diesem Tag nicht irgendetwas Grünes an sich tragen. Es geht sogar soweit, dass zum Beispiel Bier oder andere Lebensmittel grün eingefärbt werden.

Cinco de Mayo (5. Mai)

Mexikaner und Amerikaner mexianischer Herkunft feiern an diesem Tag den Sieg der Mexikaner über die Franzosen in der Schlacht von Puebla (1862) mit Musik, traditionellen Tänzen, Kostümen und einer weiß-rot-grünen Dekoration, die den Nationalfarben Mexikos entspricht.

Chinese New Year's (Chinesisches Neujahrsfest)

Dieser Tag wird von Amerikanern chinesischer Herkunft am ersten Neumondtag zwischen dem 21. Januar und 19. Februar jedes Jahres mit Festessen und Feuerwerke begangen.

Pow-Wows (Indianische Ritualfeiern)

Bei einem Pow-Wow wird die Kultur der amerikanischen Ureinwohner sehr lebendig vermittelt. Absolut erlebenswert!

Halloween

Zwar wird Halloween auch in Europa immer populärer, aber der Aufwand, mit dem die Amerikaner diesen Tag am Abend des 31. Oktober begehen, wird wohl unerreicht bleiben. Mit unendlicher Fantasie werden Haus und Garten dekoriert – und immer in Konkurrenz mit dem Nachbarn: Wer wird wohl die gruseligste Dekoration zustande bringen?

Ausgehöhlte Kürbisse mit eingeschnitzten Fratzen leuchten mit Hilfe eines Teelichts im Dunkeln, Kinder und Erwachsene verkleiden sich, ziehen von Haus zu Haus und fragen „Treat or Treat" („Süßes oder Saures"): Entweder sie bekommen Süßigkeiten oder ihnen muss ein Streich gespielt werden bzw. sie müssen erschreckt werden.

Das Fest geht auf keltische Bräuche zurück. An diesem Tag, so der Glaube, mischen sich die Geister der Toten unter die Lebenden.

Valentinstag (14. Februar), Muttertag (zweiter Sonntag im Mai) und Vatertag (dritter Sonntag im Juni) werden auch in den USA beachtet. Sicherlich freuen sich auch Gastmutter oder -vater an diesem Tag über eine Karte oder etwas Süßes vom neuen Familienmitglied.

4.5 Essen

Viele Austauschschüler haben Befürchtungen, während eines Auslandsaufenthaltes in den USA an Gewicht zu zunehmen. Die meisten werden das aufgrund der ungewohnten Ernährung sicherlich auch tun – aber gleich vorweg zur Beruhigung: Egal wieviel man während des Aufenthaltes zunimmt, nach der Rückkehr ist dieses zusätzliche Gewicht relativ schnell wieder abgespeckt!

Ein Tipp: Wer die extrem zuckerhaltigen Softdrinks wie Cola, Sprite etc., die oft literweise ausgeschenkt werden, vermeidet und zu Wasser greift, spart einige Kalorien. Wasser aus Flaschen ist eher unüblich; die Amerikaner trinken auch in Restaurants Leitungswasser. Das ist geschmacklich meist gewöhnungsbedürftig, da gechlort, aber eine gute Alternative zu den Limonaden.

Der Kontrast zwischen den unterschiedlichen Ernährungsweisen ist in den USA recht groß: Ein Teil der Bevölkerung, achtet wirklich sehr intensiv auf Figur und Gesundheit und nimmt dafür den Konsum von absolut geschmacksneutralen Lebensmitteln wie fettfreiem Käse in Kauf. Ein anderer Teil ernährt sich fast ausschließlich von fettigem Fast Food. Das Vorurteil, dass sich die Amerikaner vorwiegend ungesund und kalorienreich ernähren, trifft also nicht mehr 100 % zu. Mittlerweile gibt es vermehrt „Wholefood Stores" und vielfach wird auf eine gesunde und ausgewogene Ernährung geachtet.

Immernoch beliebt: der hoch-
gestapelte Hamburger

Das gilt sicherlich nicht für alle Gastfamilien. Wer sich als Austauschschüler nicht vollkommen anpassen möchte, muss Eigeninitiative zeigen und selber Kochen bzw. sich Lebensmittel kaufen. Von einer Gastfamilie kann man nicht erwarten, dass sie für den Austauschschüler ihre Ernährung umstellt und oft recht teure gesündere Lebensmittel kauft.

Viele Austauschschüler passen sich den Essgewohnheiten ihrer Gastfamilien an und stellen ihre Ernährung erst wieder um, wenn sie im Heimatland zurück sind. Sich in den USA einer Diät zu unterwerfen, ist nicht ratsam. Durch den Druck, den ein solcher Aufenthalt mit sich bringt, ist die Gefahr in eine Essstörung zu rutschen recht groß. Wer sich regelmäßig bewegt und darauf achtet, süße Getränke weitestgehend zu vermeiden, wird seine Gewichtszunahme in Grenzen halten.

Außerdem sollte man sich die regionalen Spezialitäten nicht entgehen lassen. Sie gehören schließlich zur Austausch erfahrung dazu!

Nicht in jeder Gastfamilie wird unter der Woche Wert auf eine gemeinsame Mahlzeit gelegt, sondern vielfach ist es so, dass jeder sich nach Bedarf bedient und für sich isst. Auch essen die Amerikaner öfter außer Haus, als es in Deutschland üblich ist.

In den meisten Restaurants, ausgenommen die Fast Food-Ketten, gilt „Please wait to be seated", d.h. das Servicepersonal weist den Gästen einen Tisch zu und begleitet sie auch dorthin.

Der zeitliche Rahmen, in dem man in den USA essen geht, ist sehr kurz. Dass man einen ganzen Abend über Stunden gemütlich essend und erzählend an einem Tisch verbringt wie bei uns, ist nicht üblich. Das Essen ist in der Regel schnell serviert und es wird erwartet, dass der Tisch nach Beendigung der Mahlzeit bald frei gegeben wird.

Preise auf der Karte enthalten in der Regel weder Steuer noch Trinkgeld. Diese Faktoren müssen bei Bezahlung noch dazu gerechnet werden. Das Trinkgeld sollte ca. 15 bis 20 % des Preises betragen. Ein absolutes „No-go" ist es, kein Trinkgeld zu geben, da die Servicekräfte in der Gastronomie nur einen sehr geringen Grundlohn erhalten und ohne die „Tips" ihren Lebensunterhalt nicht bestreiten können.

Auch in Bezug auf die Tischsitten gelten in den USA einige andere Regeln: So ist es nicht üblich, sich einen guten Appetit zu wünschen, es gibt im Englischen auch keine passende Übersetzung. Vereinzelt hört man vielleicht ein „Bon Appetit" oder „Enjoy your meal", aber üblicherweise fängt man mit dem Essen ohne dieses Ritual an und auch ohne aufeinander zu warten. In einigen Familien wird die gemeinsame Mahlzeit vielleicht mit einem Gebet eröffnet.

Verbreitet ist, dass zum Beispiel von einem Fleischstück erst ein paar Stücke abgeschnitten werden, dann das Messer abgelegt und mit einer Hand und der Gabel gegessen wird. Die nicht gebrauchte Hand, die Linke, liegt auf dem Schoß, bis sie wieder gebraucht wird. Mittlerweile ist es aber auch so, dass viele Amerikaner beide Bestecke gleichzeitig benutzen, so wie wir es in Deutschland kennen.

Durch Beobachtung bekommt man sehr schnell mit, welche Gewohnheiten die eigene Gastfamilie hat. Es ist allerdings auch noch nicht zu großen Krisen gekommen, wenn man seine gewohnten Tischmanieren beibehält.

In Restaurants wird normalerweise Leitungswasser mit Eiswürfeln gereicht. Auch in allen Softdrinks befindet sich oft eine große Menge an Eiswürfeln. Wer das nicht mag, sollte bei der Bestellung darauf hinweisen.

Da die Portionen in amerikanischen Restaurants eher groß ausfallen, ist es völlig normal, dass die Essensreste eingepackt und mit nach Hause genommen werden. Man fragt dann einfach nach einem sogenannten „Doggie Bag".

4.6 Umgang mit Sexualität

Auch hier könnten die Gegensätze nicht größer sein! Und immer wieder kann man auch mit einer gewissen Doppelmoral konfrontiert werden.

Auf der einen Seite ist Nacktheit in der Öffentlichkeit absolut verpönt – auch bei kleinen Kindern! Selbst ein Umziehen unter dem Handtuch am Strand wird einem böse Blicke aus dem Umfeld einbringen. Auf der anderen Seite ist die Zahl der Teenager-Schwangerschaften in den USA sehr hoch: Ungefähr 55 von 1.000 Schwangeren in den USA sind Teenager. In Deutschland sind es im Vergleich dazu ca. 16 Schwangere.

Obwohl viele Amerikaner im tiefsten Inneren eine eher prüde Einstellung zur Sexualität haben, wird ein frühes Dating (Verabreden) in der Regel gefördert. Manchmal wird sogar seitens der Eltern ein gewisser Druck ausgeübt, sexuelle Erfahrungen zu machen, zum Beispiel um eine homosexuelle Orientierung auszuschließen, der viele Amerikaner noch sehr ablehnend gegenüber stehen. Das ist aber auch immer abhängig von der Region und dem Umfeld, in dem man sich bewegt.

Im Gegensatz dazu gibt es auch Bewegungen, die sexuelle Enthaltsamkeit bis zur Ehe predigen.

Die Doppelmoral zeigt sich auch in Film und Fernsehen: Die Sendungen, die für die Allgemeinheit bestimmt sind, sind absolut frei von sexuellen Anspielungen oder Nacktheit. Interessant ist in diesem Zusammenhang ein Vergleich zwischen der europäischen und der amerikanischen Version der Serie „Sex in the City".

Auf der anderen Seite gibt es aber Webseiten und Fernsehsender, die genau das Gegenteil zeigen. Diese sind für Austauschschüler selbstverständlich absolut tabu.

Für Austauschschüler gibt es diesbezüglich klar festgelegte Regeln, nach denen sie sich zu richten haben. Wer ihnen zuwider handelt, riskiert eine Disqualifikation vom Programm. Intimitäten und Sex sind in der Regel verboten. Auch wenn das unter Umständen als unnatürlich und nicht durchführbar angesehen wird, so dienen diese Regeln doch letztendlich dem Schutz der Schüler.

Als Schüler sollte man sehr sensibel vorgehen, wenn es ums „Dating" geht. Gerade die männlichen Austauschschüler sollten ein „Nein" eines Mädchens bedingungslos akzeptieren und keinerlei Druck ausüben, um vielleicht zu erreichen, dass sie es sich noch einmal überlegt! Auch wenn keine böse Absicht besteht, kann ein solches Verhalten von Eltern und Schule schnell als sexuelle Belästigung ausgelegt werden.

Es gab schon Schüler, die von der High School verwiesen wurden, weil sie einer Lehrerin hinterher gepfiffen haben oder etwas zu nachdrücklich um eine Verabredung gekämpft haben. Auch Kommentare zum Aussehen, die als anzüglich ausgelegt werden könnten, sollte man nicht machen.

Alle Schüler müssen von der Organisation darauf hingewiesen werden, was im Falle von sexuellen Belästigungen zu tun ist. Das kann auf Seminaren oder schriftlich getan werden, am besten ist beides. Als sexuelle Belästigung können gelten:

- anzügliche Bemerkungen in Beisein des Schülers oder direkt an ihn gerichtet
- Berührungen ohne Einverständnis des Schülers bzw. dass Druck ausgeübt wurde, diese zu akzeptieren
- Betrachten von Pornografie im Beisein des Schülers
- Aufbau einer sexuellen Beziehung bzw. der Versuch das zu tun
- Der Schüler wird bedrängt und unter Druck gesetzt durch Gefühlsäußerungen

Nicht jede Umarmung hat allerdings einen sexuellen Hintergrund, sondern kann einfach nur ein Zeichen von „unschuldiger" Zuneigung sein. Wer sich als Schüler dabei nicht wohl fühlt, sollte das aber eindeutig kommunizieren.

Wenn die Anspielungen bzw. Berührungen eindeutig sind, ist es wichtig, dass der Schüler sich an seine Organisation oder den Local Coordinator wendet und den Vorfall schildert. In dringenden Fällen haben alle Organisationen eine Notrufnummer, über die sie 24 Stunden am Tag zu erreichen sind. In einem entsprechenden Fall wird die Organisation dann sofort handeln.

4.7 Hygiene

In den USA ist eine gepflegte äußere Erscheinung sehr wichtig und es wird in der Regel peinlichst genau darauf geachtet. Körperbehaarung an Beinen und in Achselhöhlen sind nicht gerne gesehen, aber das ist mittlerweile in Europa auch bereits weit verbreitet.

Die tägliche Dusche, je nach Region sogar zweimal, ist Standard und wird vom Gastschüler erwartet. Auch auf einen angenehmen Geruch wird geachtet. Die Nutzung von Deo ist das Minimum. Maniküre und Pediküre für Frauen ist in den USA weiter verbreitet als bei uns. Ebenso wird mehr Zeit für die Frisur verwendet. Die Amerikaner achten auch sehr darauf, dass dieselbe Kleidung (besonders im Hinblick auf Oberteile) nicht an zwei aufeinander folgenden Tagen getragen wird. Es gilt als ungepflegt. Das bedeutet aber nicht, dass man alle Kleidungsteile nach einmaligem Tragen auch waschen muss.

Was in Bezug auf die Körperhygiene gilt, muss nicht zwangsläufig auch für die Hygiene im Haushalt gelten. Desinfektionsmittel und Reinigungsmittel mit Chlor erfreuen sich zwar großer Beliebtheit, aber gerade wenn in einer Gastfamilie beide Elternteile berufstätig sind und es auch noch Haustiere gibt, können die hygienischen Umstände aus unserer Sicht schon zu wünschen übrig lassen. Solange sie nicht gesundheitsgefährdend sind, ist hier die Eigeninitiative der Schüler gefragt.

4.8 Gesetze und Regeln – Stick to the rules!

Jede Organisation wird ihrem Teilnehmer und dessen Eltern Regeln an die Hand geben, die auch mit Unterschrift bestätigt werden müssen. Diese Gesetze orientieren sich auch, aber nicht ausschließlich, an der amerikanischen Gesetzgebung.

Wichtigste Regeln:

Alkohol
Kein Alkohol unter 21 Jahren! Ausnahmen werden absolut nicht geduldet, auch wenn der Schüler zu Hause vielleicht

schon einmal ein Glas Sekt oder Bier getrunken hat – das spielt in den USA keine Rolle!

Selbst die Anwesenheit auf einer Party mit Schulfreunden, auf der Alkohol kursiert, kann einen in ernste Schwierigkeiten bringen, die zur Disqualifikation vom Programm führen. Wer sich auf einer Party befindet, auf der Alkohol konsumiert wird, sollte sich umgehend von seinen Gasteltern abholen lassen!

Nicht selten taucht bei Partys die Polizei auf und die handelt nicht zimperlich. Manchen Austauschschüler mussten die Gasteltern von der Polizeistation abholen und was das für Konsequenzen hat, kann man sich denken. Da hilft auch alles Beteuern nicht, dass man selber nichts getrunken hat.

Rauchen

Rauchen ist unter 18 Jahren verboten (selbst wenn der Schüler während des Aufenthaltes 18 wird, gilt in der Regel ein Rauchverbot, das von der Organisation festgelegt wurde). Ein Missachten dieser Regel zieht oft die sofortige Heimreise nach sich – ohne vorherige Warnung.

Drogen

Absolut keinerlei Drogenkonsum! Allein der Besitz von Drogen oder Drogen-Utensilien (drug paraphernalia) führt zum sofortigen Ausschluss vom Programm.

Wenn Polizei involviert ist, ist eine Nacht im Gefängnis nicht ausgeschlossen! Also, auch keine Aufbewahrung für „Freunde".

Sexualität

Sex und Zärtlichkeiten sind meist auch durch Programmregeln reguliert – nämlich verboten! Zusätzlich ist zu beachten, dass in den einzelnen Staaten unterschiedliche Gesetzgebungen gelten, was die Altersbeschränkungen angeht: Wenn es in einem Staat in Ordnung ist, dass ein 18-jähriger eine intime Beziehung mit einer 15-jährigen hat, so muss das nicht auch für den Nachbarstaat gelten!

Selbst aggressives Flirten oder beharrliche Verabredungsversuche können zu ernsthaften Konsequenzen führen (siehe auch Kapitel 4.6).

Wer sich nicht an diese Vorgaben hält und erwischt wird, wird seinen Aufenthalt abbrechen müssen, da hier im Allgemeinen „zero tolerance" aufseiten der Organisationen und auch der amerikanischen Gesetzgebung herrscht.

Wir können nur empfehlen, sich strikt an diese Vorgaben zu halten! Die amerikanische Polizei ist bei Gesetzesübertretungen nicht nachsichtig und die Amerikaner sind prozessfreudige Leute, die ohne Zögern auch wegen Kleinigkeiten schnell einen Anwalt einschalten.

Weitere wichtige Regeln, die eingehalten werden müssen:

- Kein Fahren von motorbetriebenen Fahrzeugen, allen voran das Auto! Selbst wenn man in Deutschland vielleicht schon den Führerschein hat!
- Kein Besitz oder Benutzen von Waffen!
- Reisen allein ohne Begleitung eines Erwachsenen ist nicht erlaubt!
- Die Regeln der Gastfamilie sollten stets befolgt werden!
- Die Schule muss regelmäßig besucht werden! Schwänzen wird nicht geduldet und kann einen Verweis von der Schule zur Folge haben.
- Die Vorgabe, einen Mindestnotendurchschnitt zu halten, ist nicht unüblich.

Die einzelnen Bundesstaaten, Distrikte oder Gemeinden haben unterschiedliche Jugendschutz-Regelungen. So ist es Jugendlichen in einigen Gemeinden verboten, sich nach 22

Ein Bauerngehöft in Utah südlich der La Sal Mountains

Uhr auf der Straße aufzuhalten und Polizisten kontrollieren die Einhaltung der Vorschrift. Gastfamilien werden vielleicht nicht darauf hinweisen, weil es für sie normal ist. Deshalb empfiehlt es sich, die Gasteltern oder den örtlichen Betreuer zu fragen, ob es solche Besonderheiten gibt.

Die Organisationen haben ein dreistufiges Disziplinarsystem, das bei der Missachtung von Regeln angewendet wird: Erster Schritt ist normalerweise die „Verwarnung" (Warning), im nächsten Schritt kann die „Bewährung" (Probation) folgen und in letzter Konsequenz die „Disqualifikation" (Disqualification).

Wer sich allerdings Gesetzesübertretungen oder schwerere Regelverstöße zu Schulden kommen lässt, kann mit einer unmittelbaren Disqualifikation rechnen.

5 | Das amerikanische Schulleben

5.1 Schulsystem und Schulalltag

Neben der Gastfamilie wird die High School im Mittelpunkt des Ausstauschschülers stehen. Das amerikanische Schulsystem sieht einen Schulbesuch bis zur 12. Klasse vor. Allerdings ist die Schulpflicht sehr unterschiedlich geregelt: In einigen Bundesstaaten ist man bis zum 16., in anderen bis zum 18. Lebensjahr verpflichtet, die Schule zu besuchen.

Grob gliedert sich das amerikanische Schulsystem in Elementary/Primary School (Klassen 1 bis 4 oder Klassen 1 bis 6), Middle School (Klassen 5 bis 6) und die High School (Klassen 7 bis 12). Von der 9. bis zur 12. Klasse werden diese aber nicht mehr numerisch sondern wie folgt bezeichnet: 9: Freshman, 10: Sophomore, 11: Junior und 12: Senior.

Amerikanische Eltern haben die Möglichkeit, ihre Kinder an einer öffentlichen Schule (Public School) oder eine Privatschule (Private School) anzumelden. Im letzten Fall können, abhängig von der Schule, erhebliche Kosten entstehen. Einige Eltern ziehen es auch vor, ihre Kinder zu Hause zu unterrichten. Diese Form des „Homeschooling" betrifft ca. 3 % der amerikanischen Schüler.

Im öffentlichen wie im privaten Schulsystem der USA ist das Niveau der einzelnen Schulen sehr unterschiedlich. Die Bundesstaaten bestimmen über das Budget, das für die öffentlichen Schulen zur Verfügung steht, und damit auch darüber, welche Möglichkeiten die Schulleitung hat, den Schulalltag zu gestalten.

Austauschschüler, die mit einem J1-Visum in die USA einreisen, werden von den Public High Schools unentgeltlich aufgenommen; verursachen der High School aber natürlich Kosten. Im Gegenzug dazu erwarten die Schulen eine positive Haltung gegenüber der Schule und einen guten Noten-

Tim (sitzend, 3. v.l.) mit einer Jugendgruppe in seiner High School

durchschnitt. Da die Organisationen ein Interesse daran haben, auch in Zukunft Austauschschüler an den High Schools zu platzieren, achten auch sie auf einen Mindestnotendurchschnitt und ein vorbildliches Benehmen. (Zum Thema Schulwahl und Kosten siehe Kapitel 2.4 und 2.5)

Schuluniformen gibt es an einigen Privatschulen, und so gut wie jede High School hat einen gewissen „Dress Code" (Kleiderordnung), an den sich natürlich auch Austauschschüler halten müssen (siehe Kapitel 5.8).

Das amerikanische Schuljahr beginnt abhängig vom jeweiligen Bundesstaat oder Schuldistrikt an unterschiedlichen Terminen – Anfang August oder erst Anfang September, entsprechend verschiebt sich das Ende des Schuljahres. Schultage, die während des Schuljahres ausfallen (meist aufgrund von Wetterbedingungen wie zum Beispiel die sogenannten „Snow Days"), werden am Schuljahresende angehängt.

Der Schultag in den USA beginnt zwischen 7 und 9 Uhr morgens und dauert bis ca. 14 oder 15 Uhr, vereinzelt auch länger. Die Länge des Schultages ist außer von den regulären

Schulstunden abhängig davon, welchen Sport oder welche zusätzlichen Aktivitäten man noch ausübt. In einigen Fällen kann der Tag durchaus bis in die Abendstunden dauern.

Schulstunden sind zwischen einer und 1,5 Stunden lang, also deutlich länger als an der Heimatschule.

Je nach Schule wählt der Schüler 4 bis 6 Fächer, die täglich unterichtet werden. Für manchen Austauschschüler ist dieses System vielleicht langweilig, zumal während der Gültigkeitsdauer des Stundenplans in einem Fach nur ein Thema behandelt wird. Der Vorteil liegt aber darin, dass man sich diesem Thema besonders intensiv widmet. An einigen Schulen gibt es „A and B Days" (die Bezeichnung variiert) mit jeweils anderem Stundenplan. Das ist etwas abwechslungsreicher, als an 5 Tagen in der Woche immer die gleichen Fächer zu haben.

Neben den regulären Kursen gibt es an vielen High Schools die Einrichtung des „Home Rooms", in der Regel am Beginn des Schultages. Das ist ein Zeitraum von 10 bis 20 Minuten, in dem ein Lehrer die Anwesenheit der Schüler prüft und über schulische Belange informiert. Die übrige Zeit kann man eigenständig verbringen und zum Beispiel Hausaufgaben machen, bevor es zur nächsten Stunde geht. Als ein „Fach" kann man auch „Study Hall" wählen. Das ist eine Schulstunde, in der man unter Aufsicht Hausaufgaben machen und lernen kann.

Es ist üblich, dass die Schüler nach jedem Fach den Klassenraum wechseln, weil in den USA die Lehrer angestammte Klassenräume haben und im Kurssystem, also nicht im Klassenverband unterrichten. Der Wechsel muss schnell gehen, da zu spätes Erscheinen zum Unterricht geahndet wird. Mitunter kommt Hektik auf, weil eventuell noch die Bücher am „Locker" (Spint) getauscht werden müssen. In vielen High Schools ist es aus Sicherheitsgründen nicht erlaubt, Rucksäcke in den Gängen zu tragen (damit soll verhindert werden,

dass Schüler Waffen in das Schulgebäude bringen). So muss man sich, was die Unterrichtsmaterialien angeht, immer gut organisieren, denn man kann nicht immer alles auf einmal herumtragen. Je nach Größe der Schule ist da eine logistische Meisterleistung gefordert.

Das Mittagessen wird meist in der Schule eingenommen, weil das Verlassen des Schulgeländes während der offiziellen Schulzeit oft nicht erlaubt ist – außer vielleicht älteren Schülern. An größeren Schulen sind mehrere Lunch-Zeiten üblich – bis zu 5 bei über 2.000 Schülern – weil nicht alle Schüler gleichzeitig in der Cafeteria Platz haben. Meist wird der Schüler nicht selbst entscheiden können, zu welcher Zeit er Mittagspause haben wird, sondern wird abhängig von der Fächerwahl und/oder dem Jahrgang eingeteilt.

Was das Essen angeht, hat man die Wahl: sich etwas selbst mitzubringen oder in der Cafeteria zu kaufen – Berichten zufolge ist die Qualität sehr unterschiedlich. Wem das Essen in der Schule nicht schmeckt oder zu ungesund ist, kann sicherlich mit der Gastfamilie, die das Mittagessen unter der Woche nicht finanzieren muss, eine Regelung finden. Meist besorgen sich die Schüler dann die Zutaten, die sie brauchen, um sich für das Mittagessen ein Sandwich oder Ähnliches zu machen.

Die Fahrt zur Schule findet entweder in einem der bekannten amerikanischen Schulbusse statt oder wird von der Gastfamilie bzw. Freunden organisiert, wenn die Schulbusse den Wohnort nicht anfahren.

5.2 Einstufung

Ob ein Austauschschüler als Freshman, Sophomore, Junior oder Senior an der High School eingestuft wird, entscheidet die Leitung der jeweiligen High School.

Die Austauschorganisation hat darauf keinerlei Einfluss. Im Gegenteil: Die High Schools reagieren auf Druck, der diesbezüglich ausgeübt wird, sehr empfindlich. In den meisten Fällen ist es aber so, dass der Schüler seinem Alter und dem im Heimatland entsprechenden Jahrgang eingestuft wird.

5.3 Fächerwahl

Die Auswahl an Fächern ist an einigen größeren High Schools enorm. Zwar müssen sich Austauschschüler in der Regel an manche Fächervorgaben halten, aber meistens haben sie auch eigene Gestaltungsmöglichkeiten. Gemeinsam mit einem „Guidance Counselor" (eine Art Beratungs-/Vertrauenslehrer) kann der Schüler sich nicht nur zwischen den einzelnen Fächern, sondern auch zwischen den Niveaus entscheiden. Durch diese relativ freie Fächerwahl kommt es automatisch zur Durchmischung der Jahrgänge. So kann es durchaus sein, dass sich in einem Kurs Schüler aller vier Jahrgänge wiederfinden. Aber die Freiheit ist begrenzt: Amerikanische Schüler, die sich nach der High School mit ihrem Abschluss um einen Platz am College oder einen Job bewerben müssen, werden im Zweifelsfall mit ihrem Fächerwunsch – oder Schulwunsch – bevorzugt. Unter Umständen können dann die Vorgaben, die von der deutschen Schule in Bezug auf die Fächerwahl gemacht werden, nicht eingehalten werden. Wer zum Beispiel in den USA weiter Latein belegen will oder muss, hat geringe Aussichten auf Erfolg, da nur wenige High Schools dieses Fach anbieten.

Aber selbst wenn man keinen Platz in seinem gewünschten Kurs bekommt, so gibt es in der Regel noch andere interessante Alternativen. Welche Fächer unter anderem angeboten werden, kann man hier sehen:

ENGLISH/LANGUAGE ARTS	
English 9	Honors Humanities
English 9 Honors	AP Literature Honors
English 10	Journalism
English 10 Honors	Creative Writing
American Studies English 11	Film Studies (A)
Modern American Studies English 11	Drama (A)
AP English Language Honors	Advanced Drama (A)
English 12	Classroom Aide in English Program

PHYSICAL & HEALTH EDUCATION	
Grades 9 & 10 P.E.	Grade 9 Health
Grades 11 & 12 P.E.	Grade 10 Health
Improving Human Performance – PE Elective	Grade 11 Health
Adaptive Physical Education	Grade 12 Health
Classroom Aide in Physical Education/Health	

VISUAL & PERFORMING ARTS	
Drama (E)	Videography I (T)
Advanced Drama (E)	Videography II (T)
Experimental Art & Design	Advanced Videography (T)
Drawing	Film Studies (E)
Advanced Drawing I, II	Studio Art
Painting	AP Studio Art – Honors
Advanced Painting	Concert Band
Crafts	Symphonic Band
Advanced Crafts	Wind Ensemble
Ceramics	Jazz Ensemble
Sculpture	String Orchestra
Advanced Ceramics/Sculpture	Symphonic Orchestra
Photography One (T)	Concert Choir
Photography Two (T)	Women's Choir
Advanced Photography (T)	Men's Choir
Contemporary Media Design (T)	Chamber Singers
Publication Design	Music Technology & Composition (T)
Advanced Contemporary Media Design (T)	Music Technology & Composition/Theory II (T)
Television Production (T)	Classroom Aide in the Arts

MATHEMATICS	
Algebra 1a	Pre-Calculus
Algebra 1b	Pre-Calculus – Honors
Algebra 1	Applied Calculus
Geometry	AP Calculus AB – Honors
Geometry – Honors	AP Calculus BC – Honors
Algebra 2	Probability & Statistics
Algebra 2 – Honors	AP Statistics – Honors
Trigonometry	Classroom Aide in Mathematics Program

SCIENCE	
Geo Physical Science	Biology I – Honors
Biology I	Chemistry I – Honors
Chemistry I	AP Physics I – Algebra Based Honors
Physics	AP Biology – Honors
Animal Behavior	AP Chemistry – Honors
Forensics	AP Physics C Mechanics – Honors
Human Anatomy & Physiology	Classroom/Laboratory Aide in Science

SOCIAL STUDIES	
World Studies	Facing History & Ourselves
Modern World Studies	iMapping – Sociology & Geographic Information Systems (T)
Modern World Studies – Honors	Introduction to Psychology
American Studies/Experience	Introduction to Economics (B)
AP United States History – Honors	AP Economics (Micro) (B)
American Government	AP Economics (Macro) (B)
AP American Government	Entrepreneurship (B)
Public Presentation and Debate	AP History of European Civilization – Honors
Classroom Aide in Social Science	

TECHNOLOGY & BUSINESS EDUCATION	
Introduction to Engineering Design (PLTW)	Introduction to Computer Coding
Computer Integrated Manufacturing (PLTW)	Advanced Computer Applications
Principles of Engineering (PLTW)	Business Management Concepts
Civil Engineering & Architecture (PLTW)	Personal Finance
Technology Education/Business Aide	

WORLD LANGUAGES	
French 1	Spanish 1
French 2	Spanish 2
French 3	Spanish 3
French 4	Spanish 4
French 4 – Honors	Spanish 4 – Honors
French 5	Spanish 5
AP French 5 – Honors	Spanish 5 – Honors
Mandarin Chinese 1	Spanish 6
Mandarin Chinese 2	AP Spanish 6 – Honors
Mandarin Chinese 3	Latin 1
Mandarin Chinese 3 - Honors	Latin 2
Mandarin Chinese 4	Latin Literature
Mandarin Chinese 4 – Honors	Latin Literature – Honors
Classroom Aide in World Languages	

ADDITIONAL CREDIT PROGRAMS	
Senior Internship	Community Service Program
Cntr. for Academic Support & Enhancement-CASE	Learning Strategies 9/10
Independent Study	Academic Support 11/12
Work Opportunity	Community Class
Media Center Aide	

Nicht jede High School hat die Möglichkeit, ein so breites Fächerangebot anzubieten. Und diese Auflistung erhebt auch keinesfalls Anspruch auf Vollständigkeit!

Das Kursangebot ist abhängig von der jeweiligen Größe der High School und den finanziellen Möglichkeiten. Aber auch an jeder noch so kleinen High School kann jeder Gastschüler „sein" High School-Erlebnis haben – man muss nur bereit sein, das Beste aus der gegebenen Situation zu machen.

Lieblingsfach

Mein Lieblingsfach an der High School war „Marine Biology" (Meeresbiologie). Da ich an einer High School in Meeresnähe war, hatten wir mehrere Aquarien im Klassenraum, die gepflegt werden mussten. Den Besatz der Aquarien haben wir uns bei Ausflügen an das und auf dem Meer selber gefangen und das Semester über betreut. Am Ende wurden die Tiere wieder freigelassen. Meerspinnen und andere Meersbewohner über einen längeren Zeitraum täglich zu beobachten und zu pflegen, war eine tolle Erfahrung.

5.4 Benotung / High School Diplom

Das Benotungssystem in den USA besteht nicht aus Zahlen, sondern aus Buchstaben, hinter denen eine Prozentzahl steht. Diese wird aus den erreichten Punkten in einer Arbeit errechnet:

A – sehr gut	90 - 100 %
B – gut	80 - 89 %
C – mittelmäßig	70 - 79 %
D – ausreichend	60 - 69 %
F (E) – nicht bestanden	0 - 59 %

Die Noten können durch + und – präzisiert werden. Allerdings nutzen nicht alle Schulen diese Möglichkeit. Während des Schuljahres gibt es ca. alle 6 Wochen Zwischenzeugnisse. Für Gastschüler ist in der Regel mindestens ein C in allen Fächern Pflicht, und mit Ausnahmen auch ohne allzu große Kraftanstrengung zu erreichen. Absolute Leistungsverweigerer werden es allerdings schwer haben und riskieren einen Ausschluss aus der Schule. Die Bewertungskriterien sind von Schule zu Schule unterschiedlich, da es keine einheitlichen,

Luise mit ihrem High School Diplom

verbindlichen Standards gibt. Aus diesem Grund verlangen amerikanische Universitäten und Colleges auch standardisierte Tests, die die Bewerber ablegen müssen.

Ob der Gastschüler, wenn er als Senior an der High School eingeschrieben ist, am Ende des Schuljahres ein High School-Diplom bekommt, hängt von der Schule ab. Der beste Ansprechpartner, um diese Frage zu klären, ist der Guidance Counselor der Schule. Er kann darüber informieren, ob es grundsätzlich möglich ist und wenn ja, welche Fächerwahl dafür notwendig ist.

Einige High Schools lassen Gastschüler grundsätzlich nicht graduieren, weil sie dadurch die amerikanischen Schüler benachteiligt sehen, die sich über mehrere Jahre hinweg auf diesen Abschluss vorbereitet haben. Andere Schulen freuen sich, einem Gastschüler diese Möglichkeit anbieten zu können und oder ihn wenigstens an der Zeremonie und den Feierlichkeiten teilnehmen zu lassen, ohne das offizielle Diplom zu verleihen. Ein Anrecht auf ein High School-Diplom hat kein Gastschüler!

Wer das Diplom nicht bekommt, sollte deswegen nicht traurig sein, denn ein amerikanisches High School-Diplom kann man im deutschsprachigen Europa kaum nutzen und mit einem entsprechenden Schulabschluss aus dem Heimatland ist ein Studium in den USA problemlos möglich. Man kann sich von der High School am Schuljahresende das letzte Zeugnis (Report Card) aushändigen lassen und die Austauschorganisation stellt ein Teilnahmezertifikat aus, das späteren Bewerbungen beigelegt werden kann (hier spielen die Noten, die man in den USA bekommen hat, ohnehin keine Rolle mehr).

Schulsport wird in den USA groß geschrieben

5.5 Sport

Sport spielt an den amerikanischen Schulen eine sehr große Rolle. Der vielbeschworene School-Spirit an den High Schools steht meist im unmittelbaren Zusammenhang mit den Sportteams der Schulen. Sportler der Teams sind enorm beliebt, da sie die „Ehre" der Schule verteidigen.

Je nach Größe der High School ist die Auswahl der Sportarten größer oder geringer. Auch hier ist mitunter Flexibilität gefragt, wenn man unbedingt eine Sportart ausüben will. Ob man als Austauschschüler in eines der Teams aufgenommen wird, ist von verschiedenen Faktoren abhängig. Wenn das High School-Team bereits sehr erfolgreich ist und auf

Sport e.V.

Wer in seinem Heimatland aktiv eine Sportart in einem Verein betrieben hat, hat in einigen Bundesstaaten Schwierigkeiten, an Wettkämpfen der High School teilnehmen zu können. Man möchte dadurch verhindern, dass Schulen sich die Sportcracks herauspicken. Es sollte allerdings kein Problem sein, beim Training der Mannschaft mitzumachen, aber hier obliegt die Entscheidung der High School-Leitung.

sehr hohem Niveau spielt, ist der Andrang oft groß und es haben nur Schüler eine Chance, die diese Sportart sehr gut beherrschen. Der Gastschüler hat aber vielleicht die Möglichkeit, am Training teilzunehmen oder anderweitig, zum Beispiel als Zeugwart, für das Team tätig zu sein.

An einer kleineren High School sieht die Situation vielleicht ganz anders aus: Weil weniger Schüler für die Teams zur Verfügung stehen, freut man sich dort vielleicht auf einen Schüler, der geringe bis keine Erfahrungen hat, aber die Sportart gerne lernen möchte.

Die meisten Sportdisziplinen werden an den Schulen nicht das ganze Jahr über angeboten, sondern sind saisonabhängig. Wer zu Schuljahresbeginn keine Möglichkeit hatte, in ein Team zu kommen, sollte sich beim Guidance Counselor erkundigen, ob es später im Jahr nicht eine Option gibt, vielleicht eine andere Sportart auszuüben.

Beispiele von Sportarten und ihrer jeweiligen Saison:

Herbst/Fall	Winter	Frühjahr/Spring
Cross Country	Girls Basketball	Baseball
Field Hockey	Boys Basketball	Softball
Football	Girls Track	Boys Lacrosse
Golf	Girls Swimming	Girls Lacrosse
Boys Soccer	Boys Swimming	
Girls Soccer	Wrestling	
Volleyball		

Andere Sportarten wie zum Beispiel Cheerleading, Tanzen, Angeln, Schach etc. können das ganz Jahr über ausgeübt werden. Wer sich für eine Sportart entscheidet und im Team aufgenommen wird, wird jeden Tag vor oder nach der Schule

Schulsport fördert den Zusammenhalt: East Rowan Swim Team

trainieren müssen. An den Wochenenden finden dann meist die Wettkämpfe statt. Dadurch ist die Woche meist gut ausgefüllt, da ja auch noch Hausaufgaben gemacht werden müssen.

5.6 Führerschein

Für viele Austauschschüler ist es sehr attraktiv, den Führerschein in den USA zu machen, weil es dort kostengünstiger und schon ab 16 Jahren möglich ist. Viele High Schools bieten einen Führerscheinkurs an, der auch von Austauschschülern belegt werden kann, wenn es die Schulleitung erlaubt und sie die Voraussetzungen erfüllen.

Um den Führerschein zu erlangen, ist ein Mindestaufenthalt von 185 Tagen im Rahmen des Programms notwendig – zu lang für Semesterschüler. Versicherungsbedingungen und Programmregeln verbieten es dem Gastschüler in der Regel, als Autofahrer am öffentlichen Straßenverkehr teilzunehmen. Die Fahrstunden finden meist auf einem abgezäunten Gelände der High School statt. Nur zur Fahrprüfung beim

Department of Motor Vehicles (DMV) wird der Schüler auf die Straße gelassen. Wer seinen Führerschein auf diese Weise macht, ist nicht auf den Straßenverkehr im Heimatland vorbereitet. Es empfiehlt sich also, nach der Rückkehr noch ein paar Fahrstunden zu nehmen, um Sicherheit zu gewinnen, bevor der Führerschein umgeschrieben wird.

Vor der Abreise kann man bei der Führerscheinstelle oder beim ADAC nachfragen, ob es mit dem Bundesstaat, in dem man platziert ist, ein bilaterales Abkommen zur Führerscheinanerkennung gibt. In den USA sollte man sich beim DMV erkundigen, unter welchen Bedingungen ein amerikanischer Führerschein an Austauschschüler ausgehändigt wird. Erfahrungsgemäß wird es immer schwieriger für Austauschschüler, ihn tatsächlich zu bekommen.

Führerschein in den USA

Hinweis für die Eltern: Ich selbst habe meinen Führerschein in den USA an meiner High School gemacht. Ich hatte nur wenige Fahrstunden auf dem Gelände der Schule. Zur Fahrprüfung bin ich einmal um den Block gefahren, in dem der DMV sein Büro hatte, und ich musste geradeaus in eine großzügige amerikanische Parklücke einparken. Das Ganze hat gefühlte 5 Minuten gedauert und danach hatte ich meine „Learner's Permit" (befristete Fahrerlaubnis) in der Hand. Nach 60 Tagen bekam ich den permanenten Führerschein.

Zurück in Deutschland ließ ich ihn in einen deutschen umschreiben. Meine Fahrpraxis habe ich mir zusammen mit meinem Vater auf Supermarktparkplätzen geholt. Es kam noch erschwerend dazu, dass ich in einem Auto mit Automatikgetriebe gelernt hatte und nun mit der Gangschaltung umgehen musste. Meine Freunde beglückwünschen sich heute noch regelmäßig, dass sie die ersten Fahrten mit mir überlebt haben und das ein oder andere „Na, du hast es ja doch noch gelernt!" darf ich mir immer noch anhören.

Fazit: Meine Kinder werden ihren Führerschein in Deutschland machen! (Obwohl ich seit gut 25 Jahren unfallfrei fahre.)

5.7 Extracurricular Activities / Clubs

Wer es nicht in eines der Sportteams geschafft oder kein Interesse an Sport hat, kann zwischen verschiedenen AGs und Clubs auswählen, die an der High School angeboten werden und helfen, dass es einem unter Woche nicht langweilig wird. Auch hier gilt: Das Angebot ist von Schule zu Schule unterschiedlich und auch nicht gleich umfangreich!

Wer flexibel und offen ist und nicht mit festen Vorstellungen in die USA geht, kann auch in solchen Kursen eine neue Perspektive, neue Ideen und neue Freunde finden.

Extracurricular Activities – Beispiele (alphabetisch)		
Amnesty International	Anime Club	Asian Student Union
Badminton Club	Baking Club	Baking for the Needy
Best Buddies (Org. f. Behinderte u. Nichtbehinderte)	Black Student Union	Cheerleading
Chess Club	China Care (Hilfe für chinesische Waisen)	Computer Science Team
Dance Team	DECA (Schülerorg. für Business u. Marketing)	Debate Team
Film Club	Future Farmers of America	Futsal Club (Variante des Hallenfußballs)
Gastronome Guild	Gay-Straight Alliance	Gulf Coast Service Trip
Homecoming	Intergenerational Club	International Club
Jewish Student Union	Junior Broadway	KARE (Kids for Animal rights and Education)
Land's Sake Envirothon	Latino Student Union	Literary Magazine (Maelstrom)
Math Team	Model U.N.	Mountain Sports Club
Muslim Students Association	National Chinese Honor Society	National Honor Society
Orchestra	Peer Mediation (Schulmediation)	Prague Spring
Pralines	Pumpkin Festival	Quiz Show

Extracurricular Activities – Beispiele (alphabetisch) Fortsetzung		
Relay for Life	Robotics Team	Rotary Interact Club of WHS
SADD (Students against Destructive Decisions)	S.A.L.S.A.	Science Team
SEA (Students for Environmental Action)	Stockyard (School Store)	Student Ambassadors
Student Council	Student Government Day	Table Tennis
Team AC	Theater Company	Town Criers
Tri-M Music Honor Society	Ultimate Frisbee Club	Yearbook

5.8 Regeln und Konsequenzen

Jede High School hat ihr eigenes Regelwerk. Einige Vorschriften werden sich an jeder Schule wiederfinden, einige sind auf die jeweilige Schule abgestimmt.

Verbote und Gebote (von denen die meisten sich von selbst verstehen):
- Schuleigentum nicht beschädigen
- Hausaufgaben nicht abschreiben oder verleihen
- nicht schummeln
- nicht lügen
- nicht stehlen
- nicht rauchen
- keine Drogen
- keine Waffen
- respektvoller Umgang miteinander
- keine Beschimpfungen
- keine Gewalt, weder körperlich noch verbal
- ohne schriftliche Erlaubnis darf das Schulgelände/Schulgebäude während der Schulzeit nicht verlassen werden
- ohne den „Hallpass" (Erlaubnis eines Lehrers) darf sich kein Schüler während der Schulstunden auf den Fluren aufhalten

An so gut wie jeder High School werden Kleiderregelungen festgelegt. Diese können zum Beispiel wie folgt aussehen:

- keine Hüte, Kopftücher, Bandanas, Sonnenbrillen
- keine Spaghettiträger, Muskelshirts, schulterfreie Oberteile oder Oberteile, die Ausschnitt zeigen
- keine zerrissene Kleidung
- Hosen dürfen keine Unterwäsche freigeben und müssen auf der Hüfte getragen werden
- Schuhwerk ist ständig zu tragen
- Schlafkleidung hat in der Schule nichts zu suchen
- keine Mikroshorts oder -röcke
- T-Shirts, Pullis, Schmuck etc., die Alkohol, Drogen, Gewalt, Sex anpreisen oder die inakzeptable, diskriminierende Sprache zeigen, sind verboten

Einige Schulen geben auch vor, was an Frisuren, Make-up und Schmuck erlaubt ist!

Konsequenzen für Übertretungen der Regel:
- Nachsitzen (Detention)
- Suspendierung, vorübergehender Verweis von der High School (Suspension)
- Ausschluss, endgültiger Verweis von der High School (Expulsion)
- gegebenenfalls wird die Polizei involviert

Auch was das Fehlen durch Krankheiten angeht, sollte man sich genau darüber informieren, welches Prozedere für die jeweilige Schule gilt. Schwänzen wird in den USA genauso wie in deiner Heimat – nicht akzeptiert und kann schlimmstenfalls zum Verweis von der Schule führen.

Ähnliches gilt für Verspätungen; sie werden an den meisten High Schools sogar strenger geahndet als im Heimatland! Einige High Schools schließen ihre Türen zu Beginn der ersten Stunde und öffnen sie erst wieder nach Schulschluss.

Wer einmal endgültig von einer High School verwiesen wurde, wird schwerlich einen Platz an einer anderen bekommen und muss wahrscheinlich die Heimreise antreten.

Am besten man macht sich schon vor der Ausreise über die Webseite der High School mit den Vorgaben vertraut. Wenn dort keine Informationen zu finden sind, kann man sich an den örtlichen Betreuer oder das Sekretariat der Schule wenden. In jedem Fall ist es weniger stressig, wenn man vorher Bescheid weiß, als wenn man vor Ort durch „trial and error" mühevoll herausfinden muss, wo der Hase langläuft.

Nachsitzen

Ich selbst „durfte" einmal Nachsitzen, weil ich wiederholt im Geschichtsunterricht Kaugummi gekaut hatte. Mit anderen „Delinquenten" musste ich in einem Klassenzimmer sitzen, ohne etwas zu tun. Als besonderes I-Tüpfelchen ließ mich der Lehrer gehen, kurz nachdem der letzte Bus abgefahren war. Danach habe ich allerdings darauf verzichtet, im Unterricht Kaugummi zu kauen.

5.9 Prom

Das wohl wichtigste und beliebteste Ereignis im Schuljahr ist der „Prom", der Abschlussball. Es gibt Organisationsgremien, die sich das ganze Schuljahr über mit nichts anderem beschäftigen.

Dieses Fest wird hauptsächlich für die Abschlussklassen (Seniors) und die Elftklässler (Juniors) ausgerichtet. Auf Einladung können aber auch die jüngeren, Zehnt- und Neuntklässler (Sophomore und Freshman) teilnehmen. Wer

Der Traum eines jeden Austauschschülers: Die Abschlussfeier „Prom",
hier mit Strechlimousine

denn das Prom-Date (die Verabredung für den Ball) wird, ist
heiß diskutiertes Thema unter Freunden.

Die Kosten für dieses Ereignis können recht hoch sein und
sollten im Budget des Aufenthaltes enthalten sein: Es werden professionelle Fotos gemacht, oft wird gemeinsam eine
Stretch-Limo gemietet, man geht vor oder nach dem Ball
noch zusammen essen. Bei den Mädchen kommen außer den
Kosten für das Kleid meist noch die Ausgaben für Friseur
und Make-up hinzu.

In der Regel zahlen die Jungen weniger, weil sie meist den
Tuxedo (Smoking) für eine vergleichsweise geringe Gebühr
ausleihen. Allerdings laden sie ihr Date oft zum Essen ein.

Der nationale Durchschnitt für die Kosten pro Person liegt
bei über 1.000 $. Aber sicherlich kann man diesen Abend
auch deutlich günstiger gestalten! Das bleibt natürlich jedem
selbst überlassen und bestimmt haben Gasteltern, Betreuer
oder Gastgeschwister den einen oder anderen Tipp, wie das
Budget geschont werden kann.

6 | Leben mit der Gastfamilie in den USA

6.1 Das Kennenlernen

Der wohl spannendste Moment für jeden Austauschschüler ist sicherlich der, in dem die erste tatsächliche Begegnung mit der Gastfalilie kurz bevorsteht. Auch der noch so intensive Kontakt im Vorfeld via Skype, E-Mail oder WhatsApp wird die meisten Schüler nicht davon abbringen können, sich auf dem Flug zu fragen, was man sich um Himmels Willen dabei gedacht hat, ein solches Projekt zu beginnen und ob man nicht doch einfach umdrehen und wieder nach Hause fliegen sollte ...

Man hat das Gefühl ein Schwarm Schmetterlinge feiert im Bauch eine Party und was ist nur mit den Englischkenntnissen passiert, die man sich über Jahre angeeignet hat? Worüber soll man nur mit der Gastfamilie reden, wenn man sich am Flughafen endlich gegenüber steht?

Das alles sind völlig normale Gedanken und sie gehören genauso zu einem solchen Abenteuer wie der Enthusiasmus bei der Anmeldung zum Programm.

Und wer sagt, dass nicht auch die Gastfamilie vor dem ersten Treffen aufgeregt ist und sich fragt, was da nun auf sie zukommen mag?!

Zur großen Erleichterung aller (auch der Gastfamilien!) ist bei den meisten Schülern diese Aufregung verflogen, wenn sie dem Banner und Luftballons schwenkenden Empfangskommitee ihrer Gastfamilie gegenüberstehen, in den Arm genommen und von allen Familienmitgliedern gleichzeitig mit Worten überhäuft werden.

Natürlich fallen nicht alle Begrüßungen so euphorisch aus, denn auch in einer solchen Situation spielen die Charaktere und die jeweilige Tagesformen von Gastfamilie und Gastschüler eine große Rolle. Aber erfahrungsgemäß lassen die Herz-

Anflug auf LA: Wie wird die Gastfamilie sein?!

lichkeit der Gastfamilie, die neue Situation und die ersten Eindrücke im anderen Land jedes Zweifeln erst einmal verfliegen.

Die Fahrt zum Haus der Gastfamilie, die ggf. länger dauern kann, sollte man nutzen, um Fragen zu stellen: Über das neue Zuhause, die Familie, … einfach alles, was einem so in den Kopf kommt. Keine Hemmungen wegen der Englischkenntnisse! Alle wissen, dass sie keinen Muttersprachler neben sich sitzen haben.

Auch wenn es verführerisch ist, einfach nur zu nicken und zu lächeln, wenn man etwas nicht verstanden hat, ist es besser einfach mit einem „Sorry, can you please repeat that, I didn't understand" zu reagieren.

Im neuen Zuhause angekommen, kann es gut sein, dass die Müdigkeit den Neuling überwältigt. Wer früh am Tag bei seiner Gastfamilie ankommt, sollte versuchen, sich so lange wie möglich wach zu halten und nicht dem Wunsch nachgeben, sich sofort ins Bett zu verkriechen. So überwindet man die Zeitverschiebung schneller.

Nach einer Begehung des neuen Wohnumfelds ist die Gelegenheit gekommen, die Gastgeschenke zu verteilen. Das ist auch eine Möglichkeit – wenn es nicht schon auf dem Weg vom Flughafen passiert ist –, das Eis zu brechen. Gut geeignet dazu ist auch ein Fotoalbum oder ein Bildband vom Heimatland. Denn es ergibt sich beim Durchblättern dann ganz von selbst, dass man ins Gespräch kommt.

Den ersten gemeinsamen Abend oder Tag kann das neue Familienmitglied nutzen, um ein paar Fragen zu stellen, die den Familienalltag betreffen und helfen Missverständnisse zu vermeiden. Auch wenn man nicht alle wichtigen Punkte gleich anspricht, sollten ein paar Dinge, die den Einstieg erleichtern, geklärt werden.

Ein paar Beispielfragen, die helfen können:

- Welchen Tagesablauf hat die Familie normalerweise, am Wochenende und unter der Woche?
- Gibt es bestimmte Zeiten für die Badnutzung?
- Wie sieht es mit den Mahlzeiten aus? Werden sie gemeinsam eingenommen?
- Kann ich zwischen den Mahlzeiten essen?
- Wie ist die Handhabung von Handy, Computer und TV geregelt?
- Gibt es noch andere festgelegte Familienregeln?
- Worauf wird besonderen Wert gelegt?
- Welche Aufgaben kann/soll ich im Haushalt erledigen?
- Wasche ich selbst und gibt es bestimmte Tage, an denen Wäsche gemacht wird?
- Wie sieht es mit Gottesdienst-Besuchen aus?
- Wann kann ich mit meiner Familie zu Hause sprechen?
- In welchen Situationen muss ich um Erlaubnis fragen?
- Wie komme ich zur Schule und zurück?
- Kann ich mein Zimmer gestalten, z.B. Bilder aufhängen?

Im Laufe der Zeit werden sicherlich noch mehr Fragen auftauchen, die sich aus dem Alltag und in bestimmten Situationen ergeben. Jede Familie tickt anders und reagiert unterschiedlich auf verschiedene Umstände.

Es ist wichtig, bei Unsicherheiten immer direkt zu fragen und nicht aufgrund von Schüchternheit zu zurückhaltend zu sein. Auf diese Weise lassen sich Missverständnisse vermeiden, die auf längere Sicht vielleicht zu größeren Spannungen führen können.

6.2 Der Alltag

Wie schnell man sich dem Rhythmus der Gastfamilie anpasst und das Gefühl hat, wirklich im neuen Heim angekommen zu sein, hängt von jedem einzelnen Schüler ab.

Am allerwichtigsten für eine schnelle Eingewöhnung ist, dass man sich wirklich als Teil der Familie versteht und nicht als Gast. Wer genau beobachtet, wird schnell merken wie „seine Familie tickt", kann sich darauf einstellen und wird sicherlich bald als vollwertiges Mitglied anerkannt. Wer nicht bereit ist, sich auf die Besonderheiten in seiner Gastfamilie einzustellen und darauf besteht, alte Gewohnheiten beizubehalten, wird Schwierigkeiten haben, sich zu integrieren. Es versteht sich natürlich, dass man sich nicht auf alle Umstände in einer Gastfamilie einstellen muss.

Zu Beginn ist es wichtig, dass man das Vertrauen der Gastfamilie gewinnt. Das erreicht man am ehesten durch Offenheit und Geduld. Den Gasteltern zu erzählen, was in der Schule läuft und durchaus einmal von Misserfolgen zu berichten und um Hilfe zu bitten, wenn es Schwierigkeiten gibt, trägt dazu bei, das Vertrauen der Gastfamilie zu gewinnen – und abgesehen davon: Probleme sollte man nie in sich hineinfressen.

Man sollte auch die Gastfamilie bitten, offen Kritik zu üben, wenn man etwas tut oder sagt, mit dem man aneckt.

Oft haben Amerikaner Hemmungen zu tadeln, weil sie niemanden verletzten wollen – anders als die meisten Schüler das aus ihrer Heimat gewöhnt sind. Hier hilft der Hinweis, dass es in Deutschland so gehandhabt wird. Im Gegenzug sollte man aber mit Kritik vorsichtig sein! Viele Amerikaner reagieren sehr empfindlich darauf und sind schnell verletzt – besonders bei Vergleichen mit der Heimat und den USA, bei denen letztere nicht gut weg kommen.

In diesem Zusammenhang auch noch ein Hinweis darauf, dass die amerikanischen Gasteltern es in der Regel nicht gewöhnt sind, dass ihre Kinder mit ihnen diskutieren. Ein „Nein" bleibt ein „Nein".

Das neue Umfeld erwartet auch, dass man sich quasi unentwegt bedankt. So ist es völlig normal, dass man für jede Mahlzeit, die zubereitet wurde und jede andere „Kleinigkeit" Annerkennung zeigt. Man sollte es sich angewöhnen, die kleine Formel „Thank you!" immer wieder zu benutzen, damit man nicht undankbar erscheint.

Sich aktiv am Familienleben zu beteiligen bedeutet auch, sich an der Freizeitgestaltung der Gastgeber zu orientieren und sich ihr so weit wie möglich anzupassen. Das kann manchmal zu einer großen Herausforderung werden. Wer in seiner Familie als „Stadtpflanze" mit einer ausgeprägten Campingleidenschaft oder als Tierliebhaber mit dem Hobby Jagen konfrontiert wird, hat wahrscheinlich Schwierigkeiten, dem etwas abzugewinnen. Man sollte sich aber vor Augen führen, dass man auch deshalb an dem Austauschprogramm teilnimmt, weil man etwas Neues kennenlernen möchte – und die Herausforderung annehmen. Wer offen gegenüber den „Eigenarten" seiner Gastfamilie ist, wird unvergessliche und wertvolle Erfahrungen machen können. Und es ist auch immer einen Versuch wert, die Gastfamilie zu neuen Aktivitäten zu animieren.

Trick or Treat? Ein Gastvater unterwegs mit seinen Kindern am Halloweenabend

Zum selbstverständlichen Alltag vieler Gastfamilien gehört der wöchentliche Kirchbesuch und für die meisten unter ihnen steht es außer Frage, dass das Gastkind daran teilnimmt. Für viele Amerikaner ist der Gottesdienst ein zentrales Ereignis in ihrem Sozialleben und auch Gastschüler haben einen Vorteil, wenn sie aktiv am Gemeindeleben teilnehmen (siehe Kapitel 4.3). Auch der Besuch von Sportveranstaltungen ist üblich; erst recht, wenn ein Familienmitglied aktiv ist. Da ist es selbstverständlich, dass die Familie zum Spiel fährt und den Sportler anfeuert.

Ausgedehnte Ausflüge oder Reisen können die wenigsten Gastfamilien mit ihren Gastschülern unternehmen: zum einen wegen mangelnder Zeit (wesentlich weniger Urlaubstage im Jahr im Vergleich zum Heimatland) und zum anderen aus finanziellen Gründen. Meist werden sich die Aktivitäten auf die nähere Umgebung konzentrieren. Ein High School-Jahr ist nicht dazu da, möglichst viel vom Land zu sehen, sondern den Alltag einer amerikanischen Gastfamilie kennenzulernen.

6.3 Freunde

Für einen erfolgreichen Aufenthalt ist es wichtig, möglichst schnell nach der Ankunft Freundschaften zu schließen. Allerdings sollte man dabei nie die Gastfamilie aus den Augen verlieren!

Freundschaften ergeben sich in erster Linie durch gemeinsames Lernen oder Sporttreiben an der High School, aber auch über den Verwandten- und Bekanntenkreis der Gastfamilie und die Kirchengemeinde. Abhängig davon, ob man an eine große oder kleinere High School kommt, ob hier Austauschschüler zum Alltag gehören oder ob man der erste fremde Schüler ist, wird der Einstieg unterschiedlich leicht sein. Im letzteren Fall werden die amerikanischen Mitschüler vermutlich schnell die Initiative ergreifen und auf den Neuling zugehen, im ersteren ist Eigeninitiative gefragt. Freundschaften müssen aber in jedem Fall erarbeitet und gepflegt werden, denn selbst an Schulen, wo man wie ein bunter Hund bekannt ist, wird das Interesse mit der Zeit abebben.

Am Anfang wird man vielleicht überrannt mit Angeboten wie „Let's do something together", „I will call you" etc. Man wird aber schnell merken, dass nicht jedes Angebot realisiert wird, weil es vielleicht nicht so ernst gemeint war und der Mitschüler nur nett sein wollte. Durch solche „Rückschläge" darf man sich nicht entmutigen lassen! Denn erst mit der Zeit zeigt sich, mit wem man eine echte Freundschaft aufbauen kann. Wer offen auf Mitschüler zugeht und „dran" bleibt, ohne penetrant zu sein, wird im Laufe des Aufenthaltes einen Freundeskreis aufbauen können.

Da in den USA nicht im Klassenverband sondern in Kursen mit unterschiedlichen Teilnehmern unterrichtet wird, dazu beim Wechsel der Klassenräume Eile geboten ist, wird die Kontaktaufnahme nicht gerade begünstigt. Gelegenheiten, um Mitschüler besser kennenzulernen und festere Verbindungen aufzubauen, sind zum Beispiel die Lunchzeit, Sport und „Extracurricular Activities".

Wer gleichaltrige Gastgeschwister hat, findet vielleicht über deren Freundeskreis Kontakte und hat dadurch einen leichteren Einstieg. Allerdings sollte man bei einer solchen Konstellation mögliche Eifersüchteleien nicht außer Acht lassen und falls es dazu kommt, schnell reagieren.

Der Eindruck, den man während der ersten Wochen macht, bleibt meist für den Rest des Aufenthaltes erhalten. Deshalb sollte man sich sehr bewusst sein, wie man in dem neuen Umfeld auftritt.

Als Gastschüler wird man auch danach beurteilt, mit welchen Menschen man sich umgibt. Wer die Gesellschaft von Schülern vorzieht, die einen zweifelhaften Ruf haben, weil sie die Schule

In den USA Freunde zu finden ist nicht sehr schwer, wenn man offen auf Menschen zugeht

nicht ernst nehmen, sich respektlos verhalten, mit Alkohol und Drogen in Verbindung gebracht werden oder ähnliches, wird über kurz oder lang Probleme bekommen: Schnell ist auch der Ruf des Austauschschülers dauerhaft ruiniert.

Man sollte sich also seine Freunde sehr genau aussuchen. Meistens bestehen die Gasteltern darauf, dass man sie zu Hause vorstellt. In der Regel wissen sie, ob es sich um einen Kontakt handelt, den man vielleicht besser meiden sollte oder nicht. Gerade in der Anfangsphase, wenn man mit seinem Umfeld noch nicht so vertraut ist, ist der Rat oder besser die Entscheidung der Gasteltern nicht in Frage zu stellen. Mit der Zeit wird der Austauschschüler selbst ein Gefühl dafür entwickeln, welcher Gruppe man besser nicht zugehören sollte.

Als Austauschschüler ist man Botschafter seines Heimatlandes und man wird immer in einem besonderen Fokus stehen. Das sollte man während des Aufenthaltes nie vergessen!

6.4 Phasen des Aufenthaltes

Bevor wir auf einzelne Probleme eingehen, die während eines Gastfamilienaufenthaltes auftreten können, möchte ich auf die unterschiedlichen Phasen hinweisen, die man dabei durchlebt.

Jeder, der für längere Zeit ins Ausland geht, durchläuft einen Anpassungsprozess, der Höhen und Tiefen hat und der völlig normal ist, wenn man sich in eine neue Kultur integrieren will. Diesen Prozess kann man grob in 4 Absschnitte einteilen:

1. Honeymoon-Phase – Ankommen

Die erste Zeit im neuen Zuhause ist spannend und man ist euphorisch. Unglaublich, dass man diesen Schritt gewagt hat! Jeden Tag gibt es viele neue Dinge zu entdecken. Man weiß gar nicht, was man zuerst machen und probieren soll. Die Menschen sind freundlich und offen, man steht im Mittelpunkt und genießt das. Alles, was anders als zu Hause ist, löst Begeisterung aus. Nur wenige Austauschschüler durchleben diese Phase nicht, manche fallen direkt in eine Art Schockzustand, den „culture shock".

2. Kulturschock – Ernüchterung

Nach einigen Wochen, wenn die erste bedingungslose Begeisterung abgeklungen ist, nimmt man das neue Umfeld mit etwas anderen Augen wahr: Die Andersartigkeit ist nicht mehr nur toll, sondern man nimmt auch die negativen Dinge zur Kenntnis. Die strengen Regeln der Gastfamilie, die fehlenden

Vokabeln im Biologieunterricht – man reagiert sensibler auf die kleinen Unwegsamkeiten, die einem im Alltag begegnen. Reaktionen in dieser Phase können sein:

- Heimweh, der Wunsch wieder nach Hause zu gehen
- Schlafstörungen
- Gefühl der Einsamkeit, Isolation
- Melancholie/Depressionen
- Unfähigkeit Probleme zu lösen / Verlust von Selbstbewusstsein
- Verstärkter Kontakt mit Eltern und Freunden zu Hause
- Zurückziehen von der Gastfamilie
- Stimmungsschwankungen
- im Gastland ist vieles anstrengend, schlecht, macht keinen Sinn, im Heimatland erscheint das meiste perfekt
- Man fühlt sich verloren und ungerecht behandelt bzw. unverstanden

Während dieser Zeit ist es sehr wichtig, dass der Schüler, und wenn es auch noch so schwer fällt, aktiv wird oder bleibt. Maßnahmen, die helfen können diese Phase zu überwinden:

- mit der Gastfamilie / dem Betreuer über den Gefühlszustand reden
- Tipps von Austauschschülern, die diese Phase vielleicht schon überwunden haben
- Bewegung, Sport
- sich ein neues Hobby suchen
- ehrenamtliches Engagement
- nicht zu viel Kontakt in die Heimat, das verhindert die Integration in den USA

Wer sich wirklich bemüht, wird den Kulturschock meist überwinden können. Derjenige, dem das nicht gelingt, wird vermutlich in eine Periode der Entfremdung übergehen.

3. Isolation

In dieser Etappe ist es typisch, dass Wut und Frustration sehr stark ausgeprägt sind. Man zweifelt stark an seiner Entscheidung und zieht sich vollkommen aus seinem neuen Umfeld zurück. Man sieht die Dinge nur noch negativ, Sitten und Gebräuche rufen komplette Ablehnung hervor. Die Heimat wird idealisiert. Jetzt entscheidet sich, wie der Aufenthalt weiterhin verlaufen wird.

Schüler, die die Phasen des Kulturschocks und der Isolation durchlaufen, haben oft große Schwierigkeiten, sich selber aus diesem Gemütszustand zu befreien und brauchen Unterstützung von ihrer Gastfamilie, dem Betreuer und von den Eltern zu Hause. Wenn es dem eigenen Kind schlecht geht, fühlen manche Eltern sich hilflos, weil sie so weit weg sind und das Gefühl haben, nicht wirklich helfen zu können. Aber das Gefühl trügt. Eltern können ihren Kindern sehr wohl beistehen, indem sie mit positiven Kommentaren die oft absolut negativen Positionen des Kindes relativieren. Sie sollten dem Schüler vor Augen führen, dass dieser Abschnitt vorübergeht und eine Zeit der Entspannung folgt. Wer diese schwierige Situation überwindet, wird gestärkt aus ihr hervorgehen und mehr über sich und die neue Kultur gelernt haben.

4. Anpassung und Integration

Nach Überwindung der Schwierigkeiten beginnt eine Phase, in der man sich dem Umfeld anpasst und die Besonderheiten, die Andersartigkeit akzeptiert. Auch wenn es zeitweise nicht danach aussah, so kann man dem Leben in den USA jetzt wieder positive Aspekte abgewinnen. Ein Freundeskreis ist gefestigt und man bewegt sich mit einer neuen Sicherheit in seinem Umfeld. Mit einem Mal merkt man, dass die Zeit schnell vergeht und vielleicht viel zu kurz ist, um all das zu tun, was man sich vorgenommen hat. Man ist stolz darauf, den Auslandsaufenthalt gewagt zu haben. Es fällt schwer, Sätze auf Deutsch zu formulieren, was die Eltern zu Hause beim Skype-Gespräch irritiert zur Kenntnis nehmen. Man fühlt sich wohl und begrenzt den Kontakt nach Hause auf ein Minimum. Auch das ist normal, die Daheimgebliebenen sollten sich darüber keine allzu großen Sorgen machen.

5. Umgekehrter Kulturschock

Nach der Rückkehr in das Heimatland geht alles von vorne los – nur umgekehrt. Die ersten Tage, die der Schüler wieder im Kreise der Familie und alten Freunde verbringt, sind begleitet von Euphorie, ähnlich der am Anfang des Aufenthaltes. Aber irgendwann kehrt der Alltag ein, das Interesse des Umfelds lässt nach und alle gehen zur Tagesordnung über. Das führt zu Ernüchterung und Entäuschung, insbesondere, wenn man den Eindruck hat, dass niemand wirklich versteht, wie wichtig dieser Auslandsaufenthalt für die persönliche Entwicklung war und dass man sich verändert hat. Die oben aufgeführten Tipps für den Umgang mit dem Kulturschock gelten auch jetzt. Im Kapitel 7 wird auf diese Phase noch einmal detaillierter eingegangen.

6.5 Typische Probleme und Lösungen

So gut wie jeder Austauschschüler wird im Laufe seines Aufenthaltes mit mehr oder weniger großen Problemen konfrontiert werden. Entscheidend für den Ausgang des Konfliktes ist der Umgang damit.

Meist sind es Kleinigkeiten, die die Gastfamilie oder den Gastschüler nerven. Wenn man sie verschweigt statt anzusprechen und mit der Zeit vielleicht noch andere kleinere Dinge hinzu kommen, platzt einem der Beteiligten irgendwann der Kragen und man steht vor eine Situation, die sich aus Nichtigkeiten ergeben hat, nun aber unlösbar erscheint oder ist. Deshalb nocheinmal die deutliche Aufforderung, auch den noch so klein erscheinenden Störfaktor nicht zu verschweigen sondern anzusprechen! Vielleicht nicht gleich in der Anfangsphase, aber spätestens nachdem man sich aneinander gewöhnt und eingelebt hat.

Sicherlich kann es auch Probleme geben, die keinen Aufschub dulden. Dafür sind der Local Coordinator oder die Organisation im Heimatland die richtigen Ansprechpartner. Sie klären, ob sofort gehandelt werden muss oder ob die Schwierigkeiten nicht doch mit etwas mehr Toleranz, in den Griff zu bekommen sind.

Das führt mich zum Thema Kommunikationswege: Bei Konflikten sollten die Vorgaben der Organisation unbedingt eingehalten werden, um eine eventuell schwierige Situation nicht noch komplizierter zu machen. Natürlich sind für einen unglücklichen Gastschüler die Eltern im Heimatland die ersten Ansprechpartner, denen er sich anvertrauen möchte. Das ist auch natürlich. Allerdings sollten sie nicht die einzigen Ansprechpartner sein (das kann man nicht genug betonen). Nur vom Heimatland aus kann und wird ein Problem im Ausland nicht gelöst! Außerdem: Es ist ein Gebot der Fairness, die Gastfamilie oder den Local Coordinator nicht via Heimat-Organisation (die vielleicht von den besorgten Eltern eingeschaltet wurde) von Schwierigkeiten in Kenntnis zu setzen, sondern direkt mit ihnen zu sprechen. Andernfalls darf man sich nicht wundern, wenn sie verschnupft reagieren und das Problem so an Bedeutung gewinnt.

Wer es, aus welchen Gründen auch immer, nicht fertigbringt, direkt mit der Familie zu sprechen, kann den Local Coordinator oder die Organisation vor Ort hinzuziehen. Diese werden dann mit allen Beteiligten, idealerweise auch an einem Tisch, Gespräche führen (Mediation), um eine Lösung herbeizuführen. Erwartet wird beiderseitiges Bemühen

Winterliche Straße in Anchorage, Alaska

und nur wenn das scheitert wird ein Gastfamilienwechel in die Wege geleitet (natürlich gibt es auch Situationen, in denen ein Gasfamilienwechsel ohne eine sogenannte Mediation durchgeführt wird).

Die Eltern im Heimatland haben in der Organisation einen Ansprechpartner, der unterstützend in einer Problemsituation tätig wird. Diese Unterstützung kann allerdings nicht immer bedingungslos sein, denn die Organisation muss auf falsche Erwartungen von Eltern und Schülern oder Fehlverhalten von Schülern hinweisen. Eltern können konstruktiv an der Problemlösung mitarbeiten, wenn sie versuchen, ihre Kinder zu beruhigen und möglichst neutral und unaufgeregt an die Sache heranzugehen. Das fällt sicherlich nicht immer leicht, aber dadurch wird schneller eine Lösung erreicht.

Auf einige Situationen, die eintreten können, gehe ich im Folgenden detaillierter ein.

Heimweh (Kulturschock)

Wann und ob es eintritt, ist von Schüler zu Schüler unterschiedlich. Einige bekommen es sofort nach der Ankunft, bei einigen tritt es erst nach der sogenannten „Honeymoon"-Phase ein, in der alles einfach nur toll ist.

Wer es bekommt, ist von seinen Mitmenschen und allem genervt. Man kritisiert das Essen, die Lebensweise, das Schulsystem und findet einfach alles nur unmöglich und unerträglich. Begleitet wird diese Phase oft von Stimmungsschwankungen, Schlaflosigkeit, Traurigkeit, Antriebslosigkeit und Mangel an Appetit.

Wichtig zu wissen ist zum einen, dass diese Phase nicht ungewöhnlich ist! Vielen Austauschschülern geht es so! Und zum anderen: Diese Phase geht bei den meisten Gastschülern auch wieder vorbei, wenn man daran arbeitet! Und zwar so:

- Reden, reden, reden! Immer wieder das Gespräch mit der Gastfamilie oder dem Local Coordinator suchen. Erklären, dass dieser Zustand nichts mit der Gastfamilie zu tun hat, aber das man momentan die Eltern/Freunde/das Heimatland vermisst.

- Sich unentwegt beschäftigen: neue Dinge ausprobieren, Ablenkung suchen, Hilfe im Haushalt anbieten ...

- Auch wenn es schwer fällt: sich nicht hängen lassen und sich nicht zurückziehen – Das verschlimmert die Situation nur!

- Sich vor Augen führen, dass man hier die Chance hat, etwas Einmaliges zu erleben und man keine Zeit mit Selbstmitleid verlieren sollte.

- Die eigene Situation nicht mit der anderer Austauschschüler vergleichen! Jeder hat seine Höhen und Tiefen. Trotzdem werden die meisten ihren Aufenthalt in den sozialen Medien und im direkten Austausch per E-Mail oder WhatsApp etc. in schillernden Farben darstellen, auch wenn das nicht der Realität entspricht. Wahrscheinlich gibt es gar keinen Grund, neidisch zu sein.

- Den Kontakt zu Familie und Freunden im Heimatland reduzieren, um sich selbst die Gelegenheit zu geben, wirklich im neuen Umfeld anzukommen.

Gastschüler findet die Regeln der Gastfamilie zu streng

- Der Gastschüler möchte zum Beispiel abends gerne länger weg bleiben können, findet die Gebete zum Essen überflüssig, möchte gerne mehr Zeit vor dem Fernseher oder dem Computer verbringen dürfen.
- Grundsätzlich muss sich der Schüler bewusst sein, dass die Regeln in den amerikanischen Gastfamilien um einiges strenger sein werden als die bei den eigenen Eltern. Er hat keinen Anspruch darauf, dass er die gleichen Freiheiten wie in der Heimat hat! Gegebenfalls muss man während des gesamten Aufenthaltes damit leben.
- Wenn die Freiheit zu arg eingeschränkt wird, so dass Kontakt außerhalb der Gastfamilie nahezu unmöglich ist, gilt auch hier die Empfehlung, das offene Gespräch zu suchen. Wer das Vertrauen seiner Gastfamilie gewonnen hat, kann oft Kompromisse erreichen. Wenn man zweifelt oder sich absolut unwohl fühlt, sollte man seinen Local Coordinator hinzuziehen, um die Situation zu besprechen.

Die Gastfamilie erscheint zu religiös und übt Druck aus

- Die amerikanischen Gastfamilien wissen, dass sie keinen religiösen Druck auf den Austauschschüler ausüben dürfen und ihn in keiner Weise bedrängen dürfen, sich zu ihrer Religion zu bekennen.
- In der Anfangsphase sollte es für den Austauschschüler selbstverständlich sein, mit der Gastfamilie den Gottesdienst zu besuchen, wenn das zum normalen Familienalltag gehört. Einmal in der Woche ist sicher nicht zuviel verlangt.
- Wenn die Gastfamilie mehrmals in der Woche, vielleicht auch über Stunden, den Gottesdienst besucht und man sich damit nicht wohl fühlt, sollte man das nach einer gewissen Zeit ansprechen und nach einem Kompromiss suchen.

Das Haus/die Wohnung der Gastfamilie ist zu schmutzig oder zu unhygienisch

- Gerade in der Anfangsphase kommt einigen Schülern das neue häusliche Umfeld extrem unordentlich und unsauber vor. Das kann zum einen an dem schon erwähnten Kulturschock liegen. Dann kommen einem die Umstände, auch wenn sie halbwegs normal sind, unerträglich vor. Zum anderen haben einige amerikanische Gastfamilien ein anderes Verhältnis zu Hygiene und Ordnung, als es die Schüler von zu Hause gewöhnt sind. Das heißt aber nicht, dass sie kein geeignetes Umfeld für einen Austauschschüler bieten. Voraussetzung dafür ist nicht, dass man vom Fußboden essen kann. Entweder der Schüler gewöhnt sich an das leichte Chaos oder er schafft Abhilfe, zum Beispiel durch ein diplomatisches Gespräch mit der Gastfamilie oder/und etwas Eigeninitiative.

- In vielen amerikanischen Gastfamilien arbeiten beide Elternteile und in der Regel viele Stunden am Tag. Da bleibt für den Haushalt oft wenig Zeit. Zudem haben viele Amerikaner mehrere Haustiere, die aber manchmal nicht mit der Sorgfalt gepflegt und betreut werden, wie das bei uns Standard ist. Es ist nicht unbedingt üblich, mit dem Hund dreimal am Tag ausgedehnte Spaziergänge zu machen oder die Katzentoilette jeden Tag zu reinigen.

- Es gibt vereinzelt Fälle, wo es in der Tat extrem unordentlich und unhygienisch ist. Wenn in Bad oder Kühlschrank dauerhaft Schimmel vorkommt, Haustiere ihre Geschäft regelmäßig in der Wohnung erledigen und wenn auch nach einem Gespräch wenig getan wird, um diese Missstände zu beseitigen, sollte der Schüler auf jeden Fall seinen Local Coordinator einschalten und um Hilfe bitten. Sobald gesundheitsgefährdende Umstände dauerhaft sind, handelt es sich nicht um ein für Gastschüler geeignetes Umfeld und es muss Abhilfe geschaffen werden.

Kompatibilität von Gastschüler und Gastfamilie

- Auch wenn der Kontakt vor der Ankunft anderes verheißen hat, so kann es doch sein, dass man nicht richtig miteinander warm wird, wenn man sich persönlich gegenüber steht. Das kann ein beidseitiges oder ein einseitiges Gefühl sein. Es kann der Unsicherheit der ersten Wochen geschuldet sein oder aber die Chemie zwischen den Beteiligten stimmt tatsächlich nicht. Vielleicht gehen auch die Interessen zu weit auseinander. Dann ist ein Gastfamilienwechsel die beste Lösung.

Eifersucht der Gastgeschwister

- Auch wenn sich Gastgeschwister zu Anfang sehr auf den Familienneuzugang gefreut und eventuell schon engen Kontakt gesucht haben, kann es sein, dass sie mit der Zeit eifersüchtig werden. Sie merken, dass sich nicht nur die eigenen Eltern, sondern auch alle anderen mehr um den Gastschüler kümmern, als um sie. In der Schule wird er vielleicht mit einem Aushang einschließlich Foto vorgestellt. Viele Mitschüler reißen sich darum, ihn kennenzulernen und er steht plötzlich im Mittelpunkt, wo man sich doch selbst jahrelang in die Schulgemeinschaft eingebracht hat, ohne dass viel Aufhebens davon gemacht wurde. Alle finden es spannender, sich mit dem Gast aus dem Ausland zu unterhalten, als mit jemandem, den man schon länger kennt und ohnehin immer wieder sieht.
- Als Gastschüler sollte man auf solche Situationen äußerst sensibel reagieren, damit das Verhältnis zu dem Gastgeschwisterkind nicht dauerhaft geschädigt wird. Man sollte versuchen, den Gastbruder oder die -schwester so gut wie möglich einzubinden, besonders dann, wenn man zur gleichen Altersgruppe gehört. Soll ein Artikel über den Gast in der Lokalzeitung erscheinen? Für das Foto wäre es doch nett, wenn die Gastgeschwister mit im Bild sind und namentlich

Luise (links): Cheerleading zusammen mit der Gastschwester

erwähnt werden. Neue Freunde an der High School möchten mit dem Gastschüler etwas unternehmen, zum Beispiel ins Kino gehen? Vielleicht wäre es eine gute Idee, die Gastschwester mitzunehmen? Man wird gefragt, ob man am Wochenende zusammen Fußball spielen möchte? Hat der Gastbruder vielleicht auch Lust dazu? Wenn jüngere Gastgeschwister da sind, die nicht mit ins Kino oder auf Parties gehen können, wäre es vielleicht eine gute Idee, sich an festgelegten Terminen Zeit zu nehmen, die nur mit dem „kleinen Bruder" oder der „kleinen Schwester" verbracht wird. Ob man gemeinsam bastelt, spielt, liest oder in den nahegelegenen Park geht, kann man von den jeweiligen Interessen abhängig machen. Wer dann noch eine Sonderbestellung Gummibärchen oder Schokolade von den Eltern im Heimatland einfliegen lässt, hat sicherlich schon so gut wie gewonnen. Nur in sehr wenigen Fällen kommt es zu einem Gastfamilienwechsel, weil diese Hürden nicht genommen werden konnten. Bei manchen löst sich das Problem schnell, bei manchen muss man etwas mehr Geduld und Anstrengung investieren. Ich habe schon Fälle erlebt, wo aus sich nahezu feindlich gegenüberstehenden Gastgeschwistern die besten Freunde wurden, die sich ein Leben ohne einander gar nicht mehr vorstellen konnten. Geschenkt bekommt man das selten, aber jeglicher Einsatz lohnt sich!

Falsche Erwartungen der Gastfamilie

- Obwohl die Gastfamilien eigentlich umfassend darauf vorbereitet werden, was die Aufnahme eines Gastschülers bedeutet, was sie erwarten können und was nicht, kommt es hin und wieder zu Missverständnissen oder Missinterpretationen des Programms.
- Es ist nicht Aufgabe eines Gastschülers, das Image der eigenen Kinder oder der Familie aufzuwerten. Wer aus diesem Grund einen Gastschüler aufnimmt, wird ihm nicht die notwendige Herzlichkeit entgegenbringen können.
- Der Gastschüler sollte auch nicht als zusätzliche Arbeitskraft auf dem Hof oder im Haushalt gesehen werden oder Funktionen eines Au-pairs übernehmen müssen. (Andererseits versteht es sich von selbst, dass auch ein Austauschschüler im normalen familiären Rahmen mit anpackt. Gelegentliches Babysitten kann durchaus erwartet werden und auch feste Aufgaben wie Badreinigung oder das Helfen im Stall oder Garten, wenn darunter nicht die Schule zu leiden hat oder man mehr machen muss als alle anderen Familienmitglieder.)

Falsche Erwartungen der Gastschüler

- Wer diesen Aufenthalt antritt wie eine Pauschalreise und die Gastfamilie wie einen Hotelbetrieb behandelt, wird sehr schnell die Konsequenzen zu spüren bekommen. Ein derartiges Auftreten wird sich keine Gastfamilie auf Dauer gefallen lassen.
- Auch wer meint, er hätte ein halbes oder ein ganzes Jahr Urlaub und könnte die Schule links liegen lassen, hat sich

sicherlich getäuscht. Auch wenn die Aufgaben, die die High School an ihre Schüler stellt, nicht immer mit denen im Heimatland zu vergleichen sind und manch einer ohne allzu große Anstrengungen gute Noten erreicht, heißt das nicht, dass man die High School nicht ernst zu nehmen hat. Wer es zu locker angeht und meint, Aufgaben nicht erledigen zu müssen, wird sehr schnell in seine Grenzen verwiesen.

- Bei vielen Gastschülern ist immer noch ein USA-Bild verbreitet, das nicht unbedingt der Realität entspricht. Wer in die USA geht und „High School Musical" oder „O.C. California" erwartet, wird schnell auf den Boden der Tatsachen zurück geholt. Um dieses Bild zu geradezurücken, sollte man sich an ehemalige Austauschschüler halten, die ihren Aufenthalt realistisch mit allen Höhen und Tiefen schildern, damit die Enttäuschung am Ende nicht zu groß ist.

- Einige Austauschschüler erwarten mit der Einreise in die USA die große Freiheit. Endlich ist man von zu Hause weg und kann sich richtig ausleben. Das ist meist ein absoluter Fehlschluss. Das Familienleben spielt in der Regel eine sehr große Rolle und es wird erwartet, dass vergleichsweise viel Zeit mit der Gastfamilie verbracht wird. Es kommt nicht gut an, wenn man sich dem verschließt.

Der Austauschschüler ist (für amerikanische Verhältnisse) zu kritisch, zu offen oder zu negativ

- In Deutschland wird man dazu erzogen, Dinge kritisch zu bewerten und auch kontrovers zu diskutieren. Das ist auf vielen Ebenen der Fall, ob es nun um die Ausgehzeiten oder die aktuelle politische Lage geht. In den USA wird man aber sehr bald merken, dass die Gastfamilie äußerst reserviert reagiert, wenn man Kritik an der derzeitigen Politik der Amerikaner übt, selbst wenn die Gasteltern der gleichen Meinung sein sollten (!), oder wenn man zum wiederholten Male den Freund, den die Gasteltern als unpassenden Umgang eingestuft haben, in den höchsten Tönen lobt, um doch noch ein Treffen mit ihm zu erreichen.

- Der Gastschüler sollte ein gewisses Feingefühl entwickeln (wenn er es nicht schon hat), um schnell zwischen den Zeilen lesen zu können, ob man eine Grenze überschritten hat. Für eine Entschuldigung sollte man sich nicht zu schade sein.

- Die eigene Meinung über Religion und Sexualität sollte man auch nicht offen kundtun, wenn sich diese nicht mit der der Gastfamilie oder des Umfelds deckt. Auch hier sind die Empfindlichkeiten ziemlich ausgeprägt. Eine Gastschülerin, die ihr Diaphragma im Kühlschrank der Gastfamilie aufbewahren wollte, hat sehr schnell gemerkt, dass das keine gute Idee war.

Der Gastschüler fühlt sich bevormundet

- In den USA ist es selten so, dass sich Eltern und Kinder, selbst wenn es sich um Jugendliche in den letzten High School-Jahren handelt, auf Augenhöhe begegnen. Die Erziehungsstrukturen sind hier noch wesentlich konservativer als im Heimatland. Damit muss der Schüler während des Aufenthaltes schlicht und einfach leben. Das in Frage zu stellen, steht dem Gastschüler nicht zu.

- Sicherlich spielt in diesem Zusammenhang auch eine Rolle, dass sich die Gasteltern bewusst sind, dass sie mit der Aufnahme eines Austauschschülers eine enorme Verantwortung übernommen haben. Wenn irgendetwas passiert, werden sie sich den leiblichen Eltern gegenüber verantworten müssen (wenn auch nicht unbedingt rechtlich, sondern eher moralisch). Das möchten sie natürlich vermeiden und sind deshalb vielleicht hinsichtlich des Familienmitgliedes auf Zeit besonders vorsichtig – zum Beispiel wenn es um das Mitfahren bei Fahranfängern geht.

- In einigen Bundesstaaten sind körperliche Maßreglungen an Kindern gesetzlich noch erlaubt und werden auch vorgenommen. Es kann für Gastschüler sehr befremdlich und schockierend sein, wenn sie das in ihrer Gastfamilie mitbekommen. Aber: Eine Gastfamilie darf in keinem Fall den Gastschüler mit Schlägen bestrafen. In einem solchen Fall sollte man sich sofort an die Organisation und dem Local Coordinator wenden.

Der Gastschüler redet über Belange der Gastfamilie mit Dritten

- Es ist wichtig, dass der Austauschschüler über Situationen und Probleme in oder mit der Gastfamilie nicht mit Dritten spricht. Auch wenn es verführerisch ist, sein Herz bei den Freunden in der High School oder bei der netten Nachbarin auszuschütten, wenn es einem schlecht geht und man gerade Ärger mit der Gastfamilie hat oder sich dort nicht wohl fühlt. Selbst wenn die Kritik berechtigt ist, gehören diese Themen nicht in die Öffentlichkeit, sondern sollten mit den Beteiligten, dem Local Coordinator oder der Organisation besprochen werden.
- Es gibt immer wieder Situationen, in denen es nur aufgrund eines Missverständnisses zum Konflikt gekommen ist. Wenn man sich nun im unmittelbaren Umfeld darüber beschwert, ohne der Sache auf den Grund gegangen zu sein, tut man der Gastfamilie vielleicht großes Unrecht. Außerdem hat die Medaille immer zwei Seiten: Vielleicht lag die Gastfamilie ja nicht ganz falsch? Schließlich wird auch ein Gastschüler nicht wollen, dass Klagen über ihn öffentlich breit getreten werden.
- Der Gastschüler reist irgendwann wieder ab und kann eine unangenehme Situation hinter sich lassen. Doch die Gastfamilie bleibt und hat eventuell jahrelang mit der Bereinigung falscher Anschuldigungen zu tun.

Das ist natürlich keine vollständige Auflistung möglicher Konfliktsituationen, aber es sind die häufigsten. Die meisten Probleme lassen sich schnell und unkompliziert ausräumen und nur in einigen Fällen ist ein Gastfamilienwechsel in letzter Konsequenz nötig.

6.6 Kontakte nach Hause

Während des Aufenthaltes möchte der Schüler natürlich Kontakt zu Familie und Freunden in der Heimat halten. Da gibt es verschiedene Möglichkeiten.

Die meisten Schüler halten über das Internet Kontakt zu den Daheimgebliebenen: per Email, WhatsApp, Facebook, Skype oder über einen eigenen Blog.

Viele Gastfamilien verfügen über einen Internet- oder WLAN Anschluss, aber das gilt noch nicht für alle Familien. Wer das Internet in der Gastfamilie nicht nutzen kann, muss ausweichen: in öffentliche Bibliotheken, Cafés, Malls (Einkaufszentren) oder – vereinzelt ist das möglich – in die High School. Allerdings muss man hier mit Einschränkungen rechnen, beispielsweise beim Zugang zu sozialen Netzwerken.

Wer hauptsächlich über ein Smartphone kommuniziert, findet in den USA sicher einen günstigen Tarif, eventuell mit Hilfe der Gastfamilie oder des Local Coordinators. Der heimische Anbieter wird auf Dauer zu teuer sein.

Immer mehr Gastfamilien verzichten auf einen Festnetzanschluss, aber die meisten haben ihn noch. Auch der Schüler kann den Anschluss nutzen, aber nicht ohne vorab Regeln abgesprochen zu haben. Bei der Telefonabrechnung werden die einzelnen Gespräche abgerechnet, so dass man nachvollziehen kann, wer wann wohin telefoniert hat. Es wäre also durchaus möglich, monatlich mit der Gastfamilie abzurechnen. Aber es ist wahrscheinlich einfacher, nach

Möglichkeiten zu suchen, die von vorneherein getrennte Abrechnungen vorsehen.

Da gibt es zum einen Prepaid-Karten, deren Guthaben direkt mit dem Betrag für ein Telefongespräch belastet wird und je nach Bedarf wieder aufgestockt werden kann. Dadurch bleiben die Kosten für Telefonate unter Kontrolle und Schüler wie Eltern erleben keine bösen Überraschungen. Die würde beispielsweise nicht ausbleiben, wenn das Telefonat auf das Handy der Freundin in Deutschland vom Festnetz der Gasteltern mal wieder etwas länger gedauert hat.

Zum anderen nutzen viele mittlerweile auch Skype, um mit Freunden und Familie in der Heimat zu telefonieren – und das ist kostenlos.

Da der Kontakt nach Hause Konfliktpotential bergen kann, sollte man auch in diesem Zusammenhang ein paar Regeln beachten und feinfühlig vorgehen.

Als erstes sollte man mit der Gastfamilie vereinbaren, wann und wie lange (!) man ins Internet gehen und mit den Eltern oder Freunden telefonieren darf. Viele Gastfamilien beschweren sich, dass ihr Gastschüler sehr viel Zeit am Smartphone oder Computer verbringt. Wer täglich oder sogar stündlich in die Heimat berichtet, was er gerade macht, für Kleidung trägt oder isst, hat gar keine Möglichkeit, in der neuen Umgebung anzukommen und sich komplett einzugewöhnen.

Auf Dauer führt das auch zu Unzufriedenheit bei der Gastfamilie. Dann sollte man sich nicht wundern, wenn die Geräte einkassiert werden oder das Internet gesperrt wird. Wer sich an die Vorgaben der Gastfamilie hält, kann solchen Einschränkungen aus dem Weg gehen.

Zeit am Computer oder Smartphone kann man zum Beispiel dadurch limitieren, dass man nicht jedem Einzelnen zu Hause E-Mails oder Nachrichten zukommen lässt, sondern Gruppen-E-Mails verschickt oder einen Blog führt. Die Begründung, dass man nur eine begrenzte Zeit in den USA hat und diese so gut wie möglich nutzen will, wird jeder verstehen.

Einige Schüler entdecken während des Aufenthaltes auch das Briefeschreiben für sich. Ein wesentlicher Vorteil eines Briefes besteht darin, dass er nicht so schnell dahingehuscht und abge-

Eine etwas aus der Mode gekommene Kommunikationsform

schickt ist wie eine SMS, eine E-Mail oder andere Kurznachrichten, in denen man manchmal in der ersten Wut oder Enttäuschung Dinge schreibt, die man so gar nicht meint oder bereut, wenn sie erst einmal abgeschickt sind. Eine in Hektik verfasste E-Mail kann den Eltern zu Hause schlaflose Nächte bereiten, obwohl das Thema vielleicht längst erledigt ist. Jede Nachricht, erst recht, wenn sie in einem emotional aufgeregten Moment, geschrieben wurde, sollte erst verschickt werden, wenn man sie mit etwas Abstand noch einmal gelesen hat.

Von den praktischen Erwägungen mal abgesehen: Es ist schön, nach der Rückkehr noch einmal die Briefe zur Hand zu nehmen und sich in die Stimmungen zurückzuversetzen, die man beim Schreiben hatte, und dadurch Erinnerungen lebendig werden zu lassen.

6.7 Besuche aus der Heimat

Auch wenn es immer üblicher wird – die Organisationen raten von einem Besuch zum Ende des Aufenthaltes ab und verbieten sogar den Besuch „mittendrin". Und das aus gutem Grund: Viele Schüler fühlen eine Zerrissenheit, wenn auf einmal die natürlichen Eltern in ihrem neuen Zuhause auftauchen. An wen sollen sie sich halten, die Gastfamilie oder die leiblichen Eltern? Die Schüler haben sich über Monate hinweg an ihr neues Umfeld angepasst und verhalten sich mitunter anders, als es die Eltern gewöhnt sind. Auch für sie kann eine schwierige Situation entstehen, wenn sie mitbekommen, wie nahe sich ihr Kind und die Gastfamilie gekommen sind und welche Vertrautheit herrscht.

Es ist also durchaus sinnvoll, dass die Schüler den Aufenthalt so abschließen wie sie ihn begonnen haben: alleine. So haben sie am ehesten die Gelegenheit, auf etwas ganz eigenes zurückzublicken.

Auch wenn Schüler von ihren natürlichen Eltern abgeholt werden, wird ihnen manchmal die Gelegenheit dazu genommen. Natürlich stellt die Abholung durch die Eltern kein Problem dar, wenn ein entspannter Umgang möglich ist. Aber Eltern sollten auf ihre Kinder eingehen und berücksichtigen, dass sich deren Meinung ändern kann: Selbst wenn zu Beginn des Aufenthaltes das Abholen gewünscht war, kann das am Ende ganz anders sein.

6.8 Der Gastfamilienwechsel

Ein Gastfamilienwechsel ist ganz normaler Teil eines Auslandsaufenthaltes und ca. 20 % der Austauschschüler erleben ihn. Man sollte den Gastfamilienwechsel nicht als Niederlage sehen, sondern als Chance! Er zeigt nämlich, dass man eine schwierige Situation gemeistert hat und nun nach vorne schaut.

Vor einem Gastfamilienwechsel liegt meist eine Zeit, in der man aktiv versucht hat, ein Problem zu lösen. Das war sicherlich nicht immer einfach und hat dem Schüler und der

Gastfamilie durchaus einiges abgefordert. Wenn man dann in letzter Konsequenz sagen muss, dass man an seine Grenzen gestoßen ist und keine andere Lösung, als den Schnitt gefunden hat, so sollte das positiv bewertet werden.

Selbst Gastschüler, die wechseln mussten, weil sie in grober Weise oder immer wieder gegen die Regeln der Gastfamilie verstoßen haben, bis diese aus Verzweiflung einen Wechsel forderte, sollten den Wechsel als Chance sehen, doch noch einen erfolgreichen Aufenthalt hinzubekommen. Eine weitere Chance wird es bei gleichbleibendem Fehlverhalten aber wohl nicht geben.

Ein Gastfamilienwechsel kann nicht automatisch in jeder Konfliktsituation verlangt werden, sondern zuerst muss die Situation überprüft und nach einer Lösung gesucht werden. Nur wenn sich herausstellt, dass bei allen Bemühungen kein Zusammenkommen mehr möglich ist und womöglich das gegenseitige Vertrauen vollkommen gestört ist, wird ein Gastfamilienwechsel herbeigeführt.

Allerdings kann es sein, dass man die angespannte Situation in seiner alten Gastfamilie noch für eine gewisse Zeit aushalten muss, bis eine neue gefunden wurde. Das geht nicht immer von heute auf morgen.

Wer als Gastschüler schon einige Zeit im Land ist, hat eventuell bereits einen Freundeskreis, der bei der Suche nach einer neuen Gastfamilie behilflich sein kann. Manchmal sind es auch die Familien von Freunden, die bereit sind, den Gastschüler in ihre Familie aufzunehmen. Wenn man in eine solche Situation kommt, sollte es für den Gastschüler selbstverständlich sein, nicht negativ über seine erste Gastfamilie zu reden, sondern neutral zu bleiben. Ein Hinweis, dass die Persönlichkeiten nicht zusammengepasst haben, reicht da völlig aus.

Es kommt immer auf die Situation an, mit welcher Unterstützung man seitens des Local Coordinators, der Partnerorganisation und der Organisation im Heimatland rechnen kann. Wer sich grobe Schnitzer in Bezug auf Programmregeln oder gar bestehende Gesetze geleistet hat, wird sicherlich weniger Unterstützung erfahren als jemand, der unverschuldet oder unbewusst in eine schwierige Situation gekommen ist. Unter Umständen bleibt nur die Heimreise als Konsequenz.

Meist wird im Umfeld der High School nach einer neuen Gastfamilie gesucht, damit der Schüler nicht auch noch die Schule wechseln muss. In manchen Fällen, wenn sich in der näheren Umgebung keine geeignete Gastfamilie findet oder es die Situation erfordert, kann es auch sein, dass der Distrikt oder der Bundesstaat gewechselt werden muss. Dabei können unter Umständen zusätzliche Kosten anfallen.

Selbstverständlich gibt es – zum Glück sehr selten – auch Notsituationen, in denen ein unmittelbarer Gastfamilienwechsel unbedingt notwenig ist. Wenn ein Gastschüler seine Gastfamilie sofort verlassen muss, kann er meistens für eine gewisse Zeit bei seinem Local Coordinator wohnen, bis eine neue Gastfamilie gefunden wurde. Solche Notsituationen können sein:
- Krankheit oder Verlust der Arbeitsstelle der Gasteltern
- Eine Gastfamilie, die ganz klar mit der Aufnahme des Gastschülers überfordert ist
- Finanzielle Probleme
- Tätliche Angriffe
- Seelische Gewalt
- Sexuelle Übergriffe

In diesen Fällen sollten die Schüler oder Eltern unmittelbar den Local Coordinator bzw. die Organisation einschalten. Die Schüler haben in ganz dringenden Situationen immer

Amerikanische Kleinstadt (Ouray, CO) – hier kennt jeder jeden

die Möglichkeit, über eine 24-Stunden-Notrufnummer die Organisation im Partnerland jederzeit zu erreichen, falls der Local Coordinator zum Beispiel nicht erreichbar sein sollte.

Umgekehrt wird natürlich die deutsche Organisation die Eltern im Heimatland schnellstmöglich informieren, um sie und auch den Schüler von hier aus optimal zu unterstützen.

7 | Der Abschied

7.1 Verabschiedung von Gastfamilie und Freunden

Irgendwann wird jedem Schüler bewusst werden, dass der Aufenthalt sich langsam dem Ende zuneigt und man bald seiner „zweiten Familie" und seinen doch gerade erst neu gewonnen Freunden Lebewohl sagen muss. Die Verabschiedung am Ende eines High School-Aufenthaltes ist ungleich schwerer als der zu Beginn des Jahres von Familie und Freunden im Heimatland, da man oft nicht weiß, wann und ob man die neue Familie und die neuen Freunde wiedersehen wird.

Häufig sind die letzten Wochen im Gastland geprägt von einer Zerrissenheit: Auf der einen Seite freut man sich auf Familie und Freunde in der Heimat, die es ihrerseits kaum erwarten können, den Schüler wieder in ihrer Mitte zu haben. Auf der anderen Seite ist man traurig darüber, die amerikanische Familie und die Freunde verlassen zu müssen. Natürlich gibt es auch Schüler, die froh sind, wenn eine schwierige Zeit im Gastland zu Ende geht, oder die nie wirklich angekommen sind und denen der Abschied dadurch sehr leicht fällt. Es gibt aber auch Schüler, die sich derartig gut in den USA integriert haben, dass sie sich noch gar nicht vorstellen können überhaupt wieder zurückzukehren.

Zweite Heimat

Mir selbst ist bei einem sehr tränenreichen Abschied von meiner Gastmutter am Flughafen erst so richtig klargeworden, dass ich hier tatsächlich eine zweite Familie, eine zweite Heimat gefunden hatte. Bis heute zehre ich von dem Erlebten und den immer noch bestehenden Kontakten in die USA! Das ist alles ein Teil meines Lebens, den ich nicht mehr missen möchte.

Die Intensität, mit der man sich in den USA assimiliert hat, ist abhängig davon, wie sehr man sich der neuen Gemeinschaft zugehörig fühlte. Einige Schüler rutschen schon während der Zeit, in der der Abschied naht, in einen umgekehrten Kulturschock. Man hat wieder verstärkt Heimweh, zieht sich zurück, ist schlecht gelaunt.

Andere Gastschüler ziehen sich unbewusst von ihren Gastfamilien und Freunden zurück, weil sie glauben der Abschied fiele dann nicht mehr so schwer. Das kann natürlich umgekehrt auch für die Gastfamilie gelten, die ein

Der Abschied fällt oft schwer, aber er muss ja nicht für immer sein

liebgewonnenes Familienmitglied wieder verlieren wird und unter Umständen gar nicht weiß, wie sie damit umgehen soll.

In der Regel funktioniert die „Rückzugsmethode" nicht, sondern dem Schüler bzw. der Gastfamilie wird kurz vor der Verabschiedung bewusst, dass man sich die letzten Wochen durch dieses Verhalten verdorben hat und bekommt nun Stress, weil man es wieder gutmachen will und verpasste Chancen aufholen möchte.

Wichtig ist auch in dieser Phase, dass man offen mit der Gastfamilie und/oder dem Local Coordinator über seine Gefühle spricht. Wer sich bewusst verabschiedet, wird die Heimreise in der Regel leichter nehmen als derjenige, der das Unvermeidliche ignoriert hat. Reden, reden, reden ist auch in diesem Fall wieder einmal unerlässlich!

Man sollte sich gemeinsam mit der Gastfamilie überlegen, wie man in Zukunft miteinander kommunizieren möchte, damit der Kontakt nicht abreißt. Vielleicht sollte man die Gastfamilie zu einem Besuch in die Heimat einladen oder gibt es die Möglichkeit, dass man vielleicht im kommenden

Jahr mit den natürlichen Eltern die zweite Heimat besucht? Pläne für ein Wiedersehen zu schmieden, hilft den meisten etwas über den Abschiedsschmerz hinweg.

Wer kreativ ist und Freude daran hat, kann vielleicht ein Fotoalbum über sein Austauschjahr gestalten und so das Erlebte noch einmal reflektieren. Das ist auch ein tolles Abschiedsgeschenk für Gastfamilie und Freunde. Diejenigen, die einen großen Freundeskreis aufgebaut haben, werden in den letzten Wochen sicherlich viel zu tun haben und die eine oder andere Abschiedsparty besuchen oder -treffen organisieren. Dafür sollte man sich Freiräume schaffen und sich ganz in Ruhe und ohne Hektik von den liebgewonnen Menschen verabschieden. Und wie wäre es mit einem Abschiedsbuch, in dem jeder, der dem Schüler wichtig geworden ist, eine Seite mit Foto gestaltet und gemeinsam Erlebtes verewigt? So etwas nimmt man später immer wieder gerne zur Erinnerung in die Hände.

Abholen in den USA (I)

Hinweis für Schüler: Überleg dir rechtzeitig und genau, ob du von deinen Eltern bei deiner Gastfamilie abgeholt werden willst oder nicht!

Für diejenigen, die ein ausgefülltes soziales Leben in den USA hatten und sehr in die Gastfamilie integriert sind, ist es oft eine emotionale Belastung, wenn auf einmal die leiblichen Eltern vor der Tür stehen und man zwei Welten zusammenbringen muss. Auch wenn man zum Schluss noch viel vorhat, ist es eine Herausforderung, die knappe Zeit mit den Eltern teilen zu müssen – zu dem bevorstehenden Abschied kommt dieser Stress noch hinzu. Für manchen ist es vielleicht besser, mit den natürlichen Eltern eine Reise zur Gastfamilie für den nächsten Sommer zu planen. Dann kann man mit einem gewissen Abstand den Eltern zeigen, wo und wie man seine Zeit in den USA verbracht hat.

Abholen in den USA (II)

Hinweis für Eltern: Für Sie ist es vielleicht nicht einfach, das eigene Kind in diesem ungewohnten Umfeld zu erleben, gerade dann, wenn es noch voll und ganz auf das Leben vor Ort konzentriert ist und man selber nur so nebenherläuft.

Vielleicht sehen Sie mit etwas Argwohn, dass Ihr Kind eine „neue Familie" gefunden hat und von den Gasteltern wie das eigene Kind behandelt wird, diese vielleicht sogar mit „Mom" und „Dad" anspricht. Eventuell hat Ihr Kind während des Auslandjahres ja auch einige Eigenschaften unter dem Einfluss der Gastfamilie abgelegt, an denen Sie sich zuvor die Zähne ausgebissen haben und neue Macken dazu gewonnen? Das alles vor Ort mitzuerleben kann durchaus Eifersucht auslösen, die eventuell auch das zukünftige Verhältnis zur Gastfamilie stört. Daher kann es durchaus sinnvoll sein, den Besuch bei der Gastfamilie auf einen späteren Zeitpunkt zu verlegen, wenn der Jugendliche wieder im Heimatland integriert ist. Es soll aber nicht unerwähnt bleiben, dass es natürlich auch Besuche gibt, die völlig unproblematisch und ohne Spannungen ablaufen!

7.2 Rückkehr, Wiedereingewöhnung und Heimkehrschock

Irgendwann ist der Tag gekommen, an dem man sich von seiner Gastfamilie und seinen Freunden verabschieden muss. Dann steht man mit gemischten Gefühlen am Flughafen und steigt in den Flieger, der einen zurück in die alte Heimat bringt.

Sicherlich fliegt auch eine große Unsicherheit mit: Was erwartet einen zu Hause? Wie werden die Familie und Freunde auf die Veränderungen, die man selbst sehr deutlich wahrnimmt, regieren? Diese und ähnliche Fragen werden im Kopf des Heimkehrers kreisen.

Es dürfte keine schlechte Idee sein, vorher mit den Eltern abzusprechen, wie die ersten Stunden/Tage zu Hause ablaufen sollen: Vielleicht ist einem gar nicht nach einer Willkommens-/Überraschungsparty, sondern man möchte erst einmal selbst richtig ankommen, bevor man auf den weiteren Freundes- und Verwandtenkreis trifft.

Manch einer braucht vielleicht eine gewisse Zeit, um den Jetlag zu überwinden und nicht nur körperlich, sondern auch geistig wieder in Deutschland anzukommen – ohne komplett überfordert zu sein, wenn alle auf einen einstürmen und die immer gleichen Fragen stellen.

Ein anderer wird damit überhaupt kein Problem haben, wenn die gesamte Familie und die alten Freunde am ersten Abend vorbeikommen, um den Reisenden wieder zu Hause zu begrüßen.

Das ist einfach eine Frage der Persönlichkeit. Man sollte sich aber vorab Gedanken machen, wie man seine Rückreise gestalten möchte.

Vielleicht möchte die Familie das wiedergewonnene Mitglied erst einmal nur für sich haben und plant deshalb direkt nach der Ankunft eine gemeinsame Reise? Sicherlich eine gut gemeinte Idee, aber solche Pläne sollten nicht hinter dem Rücken des Schülers gemacht, sondern mit ihm abgesprochen werden.

Die ersten Tage zu Hause sind meist so angefüllt, dass der Heimkehrer gar keine Zeit und Muße hat zu reflektieren, was gerade passiert. Er muss immer und immer wieder erzählen wie der Aufenthalt war, Fotos zeigen und von seinen Erlebnissen berichten – meist sind das die besonders herausragenden Erfahrungen, die man gemacht hat. Über die vielen kleinen Dinge, die man erlebt hat, kann man oft gar nichts erzählen, weil man nicht weiß, wie man sie in Worte fassen soll.

Empfangskommitee für Tim
(3. v.l.) am Bremer Flughafen

Wie schnell man sich wieder einlebt, ist sehr unterschiedlich. Manch einer kommt zu Hause an und es ist, als wäre er nie weg gewesen. Bei den meisten Schülern ist die Wiedereingliederung aber nicht so einfach.

Nachdem die erste Euphorie der Heimkehr vorbei ist und das unmittelbare Interesse des Umfelds nachgelassen hat – vielleicht reagieren Freunde und Familie mittlerweile auch genervt auf die immer gleichen Geschichten – fallen viele Schüler in ein Loch. Sie erleben den „umgekehrten Kulturschock" oder den „Rückkehrschock".

Mit einem Mal ist klar, dass die Zeit in den USA endgültig vorbei ist und man sich erneut anpassen muss – diesmal an das alte Zuhause.

Wer es bisher noch nicht getan hat, fängt jetzt vielleicht an, direkte Vergleiche zwischen der Heimat und den USA anzustellen. Tendenziell wird dann eher an der Heimat kritisiert und das macht auch vor der eigenen Familie nicht halt: „Bei Mom und Dad haben wir das immer so gemacht", „Also, das war irgendwie leckerer in den USA", „Unglaublich wie unfreundlich die Leute hier sind!" Diese „Mängelliste" lässt sich noch beliebig fortsetzen. Eltern haben schon berichtet, dass der Heimkehrer am liebsten sofort den ganzen Haushalt umorganisiert hätte. Diese Situation ist weder einfach für Familie und Freunde noch für den Schüler selbst. Schließlich vermisst er seine Gastfamilie und Freunde in den USA und weiß nicht, wann er sie das nächste Mal sehen wird.

Es kann sein, dass er sich unverstanden fühlt, weil er gar nicht bis ins kleinste Detail in Worte fassen kann, was er erlebt hat und weil er Probleme hat, seinen Emotionen Ausdruck zu verleihen. Der Schüler hat vielleicht auch das Gefühl, dass sich zu Hause nichts getan hat, er selber aber eine große Veränderung durchgemacht hat.

Einige entwickeln daraus ein Überlegenheitsgefühl gegenüber den Daheimgebliebenen und verklären die Zeit in den USA. Dass dort auch nicht immer alles nur gut gelaufen ist, dass man während des Aufenthaltes auch den einen oder anderen Punkt am Land und seinen Menschen kritisiert hat, ist mit einem Mal vergessen oder rückt zumindest stark in den Hintergrund. Von bestimmten deutschen Eigenschaften, die man gegenüber den amerikanischen Freunden und der Gastfamilie noch verteidigt hat, ist man auf einmal genervt und das Leben in den USA wird idealisiert. Durch all das entsteht Frustration, die sich manchmal auch in einer gewissen Aggressivität entlädt.

Für Familie und Freunde können die ständigen Vergleiche mit dem Leben in den USA – und vielleicht redet der Schüler auch schon wieder davon, dass er unbedingt bald wieder zurück zu „seiner" Gastfamilie und seinen Freunden muss – sehr verletzend sein. Da ist es nicht verwunderlich, wenn sich gerade die Eltern, die dem Schüler ja den Aufenthalt überhaupt erst ermöglicht haben, zurückgesetzt fühlen und ihr Kind für undankbar halten.

Für den Schüler ist es manchmal schwer, dass alles schnell
zur Normalität übergeht und von ihm erwartet wird, dass er
sich problemlos wieder in den Alltag von Familie und Freunden eingliedert. Das ist aber nicht immer so einfach. Gerade jemand, der sich im Ausland sehr verändert hat – nicht
nur äußerlich, sondern vor allem mental – wird vielleicht
Schwierigkeiten haben, in den alten Freundeskreis zurückzukehren. Oft findet dann eine Neuordnung statt. Mit manchen
Freunden wird man weiter befreundet sein, weil sie eine gewisse Sensibilität haben und auf die Veränderungen eingehen
bzw. sie akzeptieren können, zu einigen Freunden wird man
aber keinen Draht mehr finden. Natürlich werden auch neue
Freundschaften geschlossen. Vielleicht gibt es in der Nähe
oder an der eigenen Schule andere ehemalige Austauschschüler, mit denen man sich austauschen kann. Es hilft in einer
schwierigen Phase, wenn man sich mit Gleichgesinnten austauschen kann – ähnlich wie im Ausland der Austausch mit
anderen Austauschschülern wichtig war, um das neu Erlebte
richtig einzuordnen.

Mir selbst ist nach meiner Rückkehr die manchmal extreme
Unfreundlichkeit und Freudlosigkeit am meisten aufgefal-
len. Ich habe mich anfangs fürchterlich aufgeregt, mich dann
aber entschlossen eine „Freundlichkeitsoffensive" zu starten,
die ich auch heute noch verfolge: Ich bedanke mich laut und
deutlich, wenn mir jemand die Tür aufhält; ich mache nette
Kommentare, wenn jemand etwas trägt, was mir gefällt oder
mache belanglose Kommentare an der Supermarktkasse gegenüber den Mitwartenden, um das Schweigen zu brechen.
Meistens funktioniert das ganz wunderbar und ich werde
nicht von jedem angesehen, als wäre ich nicht ganz normal.
Neben dem Kontakt zu meinen Freunden und meiner Gastfamilie in den USA habe ich mir noch andere Dinge erhalten,
die mir meine Zeit in den USA immer wieder nahe bringen:

- Jedes Mal, wenn ich in den USA bin, kaufe ich mir einen 10er-Pack von gelben „Legal Pads", auf denen ich auch die Notizen zu diesem Ratgeber gemacht habe – zusammen mit Ticonderoga-Bleistiften, mit denen man so wunderbar schreiben kann.
- Jedes Jahr im November gibt es bei mir ein großes Truthahnessen für Familie und Freunde – mit Süßkartoffeln, Cranberrysauce und anderen typischen Leckereien.
- Unser Weihnachtsbaum wird immer schon Anfang Dezember aufgestellt und geschmückt, weil die Vorweihnachtszeit in den USA doch so schön ist.
- In meinem Rückreisegepäck befindet sich auch immer das ein oder andere Paket aromatisierter Kaffee oder eine Dose *Folgers Coffee* (auch wenn ich da hierzulande auf nicht viel Verständnis stoße ...).
- Auch habe ich einen alten Koffer mit Erinnerungsstücken gefüllt: Eintrittskarten; Fotos; Quittungen; Briefen, die ich von Freunden während meines Aufenthaltes in die USA geschickt bekommen habe. Es ist immer wieder toll, wenn ich ihn öffne und durchstöbere. Denn dann wird diese Zeit wieder sehr lebendig.

Nach einer gewissen Zeit finden sich alle Austauschschüler wieder in der Heimat ein – der eine schneller, der andere langsamer.

Im Idealfall wird man sein Leben lang von dem während dieser Zeit Erlebten profitieren. Nicht selten ist ein solcher Aufenthalt enorm prägend für den restlichen Lebensweg. Auch, oder gerade wenn der Aufenthalt nicht immer so ganz glatt gelaufen ist, wird man merken, dass man daran gewachsen ist. Die während des Aufenthaltes gemachten Erfahrungen können dem Schüler nie wieder genommen werden!

Re-Integration (I)

Hinweise für Eltern: Nachdem Sie Ihr Kind nun vor einiger Zeit losgelassen haben, stehen Sie nun davor, es wieder bei sich aufzunehmen. Sicherlich auch für Sie keine einfache Zeit, da Sie vielleicht nicht wissen, was sie erwartet und was für ein Mensch da in Ihre vier Wände zurückkehren wird. Auf der einen Seite ist die Freude, dass Ihr Kind wieder nach Hause kommt, sicherlich übergroß, auf der anderen Seite sind Sie auch nervös und sich vielleicht etwas unsicher, wie Sie mit dem zurückkehrenden Teenager umgehen sollen.

Wenn Sie Ihrem Kind am Flughafen begegnen, kann es sein, dass Sie überrascht sein werden, weil es sich schon äußerlich verändert hat. Neuer Kleidungsstil, andere Frisur und eventuell auch eine nicht zu übersehende Gewichtszunahme deuten darauf hin, dass Sie nicht denselben Menschen wieder in Empfang nehmen, den sie vor einige Monaten zum Flughafen gebracht haben. Sie sollten im Moment der Begrüßung vor lauter Überraschung nicht negativ auf diese äußerlichen Veränderungen reagieren, auch wenn Sie sich vielleicht Gedanken machen, wie diese in der alten Umgebung aufgenommen werden. Mit der Zeit wird das Gewicht wieder auf das normale Maß reduziert sein und auch was den Kleidungsstil angeht, wird sich Ihr Teenager wieder seinem Umfeld anpassen – genauso, wie das in den ersten Wochen in den USA der Fall war. Wenn Ihr Kind zu denjenigen gehört, die sich nicht reibungslos wiedereinfügen, werden Sie in den nächsten Wochen einiges an Geduld und Toleranz aufbringen müssen. Ständige Vergleiche mit dem Leben in den USA, Äußerungen, wie sehr man seine Gastfamilie und seine Freunde dort vermisst, werden wahrscheinlich für einige Zeit an der Tagesordnung sein. Auch kann es sein, dass Ihr Kind sich mit der deutschen Sprache erst einmal schwer tut. Immer wieder schleichen sich englische Vokabeln oder ganze Sätze auf Englisch in die Konversation ein. Manche ehemalige Austauschschüler haben unmittelbar nach ihrer Rückkehr eine recht

bru haüs

Amerikanisierter Deutscher:
„bru haüs" und „brat haüs"

Re-Integration (I), Fortsetzung

abenteuerliche Rechtschreibung und Grammatik, aber auch das wird sich mit der Zeit wieder geben.

Wichtig ist, dass Sie während dieser Zeit Äußerungen und neue Verhaltensweisen nicht persönlich nehmen. Wenn Ihr Kind vielleicht schlecht gelaunt oder aggressiv ist, heißt das nicht, dass es sich nicht freut, wieder bei Ihnen zu sein, sondern dass es den Verlust von lieb gewonnenen Menschen erst einmal verarbeiten muss. Wenn Sie Ihrem Kind mit Geduld und Offenheit begegnen, werden Sie es neu kennenlernen können und entdecken, was für eine enorme Entwicklung Ihr Kind durch die vielen Erfahrungen gemacht hat. Dazu haben Sie einen sehr großen Beitrag geleistet! Und manch ein Schüler weiß jetzt, das Leben in der Familie zu Hause erst richtig zu schätzen.

Re-Integration (II)

Hinweise für Schüler: Auch wenn es schwer fällt, weil du so übervoll mit Eindrücken wieder nach Hause gekommen bist, solltest du sehr vorsichtig sein und nicht allzu viele Vergleiche zwischen deinem Leben in den USA und dem in der Heimat anstellen. Das trifft vor allem auf Kritik an dem Leben in der Heimat zu. Hier ist, ähnlich wie während deiner ersten Zeit in den USA, Sensibilität gefragt, damit du die Daheimgebliebenen nicht zu sehr verletzt. Auch hier solltest du dir, wie während deines Aufenthaltes in den USA, sagen: Es ist nicht besser, es ist nicht schlechter, es ist einfach nur anders! Auch wenn du den Eindruck hast, dass sich zu Hause nichts verändert hat, so ist das meist doch nicht der Fall. Sicherlich wirst du viel zu erzählen haben, aber vergiss auch nicht, Fragen an deine Freunde und deine Familie zu stellen, was sie während deiner Abwesenheit erlebt haben. Du wirst merken, dass sie deinen Erzählungen dann viel lieber zuhören.

Dir kann es helfen, wenn du einen guten Weg findest, mit deiner Gastfamilie und deinen Freunden in den USA in Kontakt zu bleiben. Vielleicht vereinbarst du, wie mit deinen Eltern, einen bestimmten Wochentag, an dem ihr telefonieren oder skypen wollt? Gibt es schon Pläne für einen Gegenbesuch?

Vielen ehemaligen Ausstauschschülern hilft es auch, gerade wenn das private Umfeld mittlerweile keine Lust mehr hat, immer wieder die gleichen Geschichten zu hören, wenn man sich engagiert und zukünftigen Austauschschülern von seinen Erfahrungen berichtet. Deine Austauschorganisation kann da bestimmt Kontakte vermitteln oder lädt dich zu einem Vorbereitungsseminar ein, wo du mit Anschauungsmaterial von deinem Aufenthalt erzählen kannst.

Denke auch daran, dass deine Eltern dir überhaupt diesen Aufenthalt erst ermöglicht haben! Ohne Sie hättest du diese Erfahrung nicht machen können.

Wenn du dich von ihnen nicht verstanden fühlst, sprich das offen bei ihnen an!

8 | Erfahrungsberichte

8.1 Lena – Kalifornien

Lena hat ihren Aufenthalt privat organisiert

„Was habe ich mir nur dabei gedacht?", waren meine Gedanken, als sich die Türen meines Flugzeuges schlossen, das mich ins weit entfernte Los Angeles bringen sollte. „Ich bin doch noch so klein, mit 16 sollte man doch noch nicht alleine um die halbe Welt reisen, zu Menschen, die man nicht kennt. Ich bin doch wahnsinnig!" Das gleiche dachte sich meine Mutter wahrscheinlich auch, die zusammen mit meiner Familie und ein paar meiner Freunde den Start von der Besucherterrasse am Flughafen Düsseldorf beobachtete.

Solche oder ähnliche Gedanken haben wohl die meisten Austauschschüler und ihre Eltern, wenn der große Tag der Abreise endlich gekommen ist. Und ich würde im Nachhinein behaupten, das ist normal und kein Grund zur Sorge.

Ich heiße Lena und war im Jahr 2010/2011 für ein Schuljahr in den USA. Genauer gesagt in Glendale, einer Stadt im Umland von Los Angeles. Knapp zwei Jahre vor meiner Ausreise fing ich an, davon zu erzählen und meinen Eltern zu sagen, dass ich so etwas gerne machen würde. Ich glaube, sie dachten am Anfang nicht, dass ich es ernst meine und ließen mich erst mal machen. Ich recherchierte, las viel, redete mit Schülern meiner Schule, die bereits ein Jahr in den USA gemacht hatten und dann war für mich irgendwann klar: Das möchte ich wirklich machen. Da mein Onkel gute Kontakte in die USA hatte, habe ich über ihn Kontakt zu meiner späteren Gastfamilie herstellen können und hatte somit schon einmal diese sicher. Über E-Mails tauschten wir uns aus und trotzdem war es unglaublich aufregend, weil ich diese Leute doch

Lena im Disney Land von Anaheim, Californien

gar nicht kannte! Ich meldete mich an der High School an, wir buchten Flüge und ich beantragte das Visum beim Konsulat in Frankfurt – was ein riesiger Aufwand am Computer ist, vor Ort jedoch schnell erledigt war. Und so rückte der Tag der Abreise immer näher.

Am 9. August 2010 ging die Reise los. Mit Sack und Pack, Kind und Kegel ging es zum Düsseldorfer Flughafen. Nächster Halt: Los Angeles, USA. Mein allererstes Mal in den USA und dann direkt ein 12-Stunden-Flug. Das war schon ein Abenteuer.

Nach der langen Reise und gefühlten Stunden in der Schlange zur Visumskontrolle war ich dann endlich da und trat aufgeregt in die große Ankunftshalle. Wie begrüßt man zwei Menschen, die man vorher noch nie gesehen hat, die aber nun für ein Jahr dein Elternersatz sind? Diese Entscheidung wurde mir schnell abgenommen, als meine zwei Köpfe kleinere Gastmama mir um den Hals fiel. Auch mein Gastvater freute sich sehr und die beiden redeten die gesamte Heimfahrt auf mich ein und ich versuchte, so gut es ging mitzukommen.

Und dann war ich zu Hause. Es ist schon komisch, ein Haus zu betreten und auf einem Bett zu sitzen, das nicht (etwa wie im Urlaub) nur für eine Woche, sondern für ein ganzes Jahr dein Zuhause sein wird. Aber nachdem ich meinen Jetlag ausgeschlafen und all meine Sachen ausgepackt hatte, kehrte der Alltag schneller als gedacht ein.

Ich hatte auch gar keine Zeit, überhaupt über Heimweh nachzudenken – dazu gab es zu viel Neues zu entdecken. Vor allem die erste Schulwoche war wirklich spannend! Da meine Schule, mit gerade mal 180 Schülern, nicht der typischen High School entsprach, fiel es mir sehr leicht, mir die Klassenräume schnell zu merken und Gesichtern Namen zuzuordnen. Nur mein Vorhängeschloss am heißgeliebten „Locker" klemmte täglich, sodass ich immer wieder neue Freunde machen konnte, die mir halfen, das System zu verstehen.

Und ich war eine Riesenattraktion! Eine Deutsche!

„Sprichst du Deutsch? Sag mal was, bitte!!", „Ich liebe deinen Akzent, der ist so süß!", „Wo ist Deutschland?" – All das waren Fragen, die ich öfter zu hören bekam.

Von Tag eins hatte ich nie das Gefühl, ich bin die Neue. In Sachen Integration verstehen die Amerikaner was. Wenn man sich nur ein bisschen bemüht von sich aus zu erzählen, ohne Angst du haben, Fehler zu machen, dann kann da gar nichts schief gehen!

Und schnell merkte ich, dass ich mir wegen der Fremdsprache viel zu viel Stress gemacht hatte. Klar, die Amerikaner reden manchmal gerne in einem Tempo, da kommt man nicht immer ganz mit. Aber in Gesprächen mit mir kamen mir immer alle ein bisschen entgegen und auch im Unterricht hatte ich nie das Gefühl, ich wäre sehr benachteiligt. Und außerdem ist es manchmal auch sinnvoll, ins kalte Wasser geschmissen zu werden. Schon nach ein paar Wochen fing ich an, auf Englisch zu träumen und zu denken.

Und irgendwann hatte ich dann das Erlebnis im Supermarkt, dass ich durch die Reihen ging und auf einmal einer Konversation auf der anderen Seite zuhörte. Und ich dachte: „Ey, da sind ja Deutsche!" Und dann dachte ich noch einmal nach und kam zu der Einsicht: „Nein, das sind Amerikaner. Ich kann sie nur verstehen!" Das war der Zeitpunkt, an dem ich selbst anfing, in einem rasenden Tempo Englisch zu sprechen. „Zu schnell", kritisierte meine Gastmutter gerne.

Die Schule wuchs mir schnell ans Herz. Obwohl wir so wenige waren, hatten wir einen guten „School Spirit" und feuerten unsere „Lions" gerne bei Football-Spielen an. Ich sang im Chor, in der Jazzband und belegte Fächer wie Psychologie, Zeichnen und britische Literatur. Schulisch kam ich gut mit und brachte stolz gute Noten mit nach Hause. Und auch Freundschaften bildeten sich und ich traf mich mit meinen Freunden zum „Sleepover" oder wir fuhren zum Shoppen in die Mall oder spielten Touristen in den zahlreichen Attraktionen von Los Angeles.

„Homecoming" und „Prom" waren natürlich echte Highlights für mich. Mit schickem Kleid, Haaren vom Friseur und natürlich dem obligatorischen Blumenarmband ging es mit Limousinen zum Ball. Da werden für uns Mädchen Kindheitsträume war.

Auch meine Gastfamilie scheute keine Mühen und versuchte, mir so viel von ihrem Land nahezubringen und zu zeigen wie möglich.

Ich fühlte mich bei ihnen richtig zu Hause: Ich hatte meine Aufgaben und immer, wenn meine Gastmama „Aschenputtel" (auf deutsch!) von unten rief, wusste ich, es ist Zeit, den Tisch zu decken oder die Spülmaschine auszuräumen. Die beiden wuchsen mir richtig ans Herz und behandelten mich wie ihr eigenes Kind.

Lena „wirft Hütchen" am Ende ihrer Schulzeit in den USA

Das kann natürlich für ein 16- bzw. 17-jähriges Mädchen auch manchmal nicht so toll sein. So gab es auch Momente, in denen die Gastmutter dann doch anders als die eigene Mama ist und man irgendwie einfach nur zur richtigen Mama will – aber auch das ist in Ordnung. Ich musste mich dann nur selbst daran erinnern, dass das der Sinn eines Austauschjahrs ist: Anderes Land, andere Menschen, andere Mentalität.

Ich hätte vorher trotzdem nie gedacht, dass ich mich in einem anderen Land so zu Hause fühlen könnte. Als das Jahr zu Ende ging, wollte ich gar nicht wieder nach Hause. Ich war zum typischen amerikanischen Teenager geworden und auch meine Mitschüler und Lehrer meinten immer wieder, dass es so seltsam sei, dass ich nur ein Jahr an der High School war.

Aber schließlich war das Jahr irgendwann zu Ende. Und dank der Einstufung in den Abschlussjahrgang durfte ich „Hütchen werfen" und mit meinen Freunden zusammen das Ende unserer gemeinsamen Schulzeit an der High School feiern. Sogar mit meinen richtigen Eltern, die aus Deutschland angereist waren, um mich abzuholen.

Und dann kam der große, tränenreiche Abschied. Mit mehr als einem Koffer ging es zum Flughafen und zurück in die Heimat. Ich hatte am Anfang des Jahres nie gedacht, dass es mir so schwer fallen würde, den Rückflug anzutreten. Der Abschied ist anders – irgendwie endgültiger. Es ist einfach eine einmalige Zeit, die so nie wiederkommt und das war mir sehr bewusst. Trotzdem freute ich mich riesig, als mich meine Freunde in Düsseldorf begrüßten, in dem sie den

Düsseldorfer Flughafen kurzerhand mit einem Cheerleader-Tanz und Bannern und Ballons auf den Kopf stellten.

Für meine Eltern war es natürlich schön, mich wieder zu Hause zu haben, obwohl meine Mama oft zu unseren Verwandten sagte: „Ja, Lena ist körperlich wieder hier, aber geistig ist sie noch in Amerika." Und an alle Eltern: auch das ist normal! Ich brauchte einfach ein paar Wochen, um mein Fotoalbum zu machen, mich wieder einzuleben und dann einfach zu verstehen, dass ich nun wieder zu Hause bin. Sobald die Schule in Deutschland wieder losging, lebte ich mich genauso schnell wieder zuhause ein.

Und meine amerikanischen Freunde? Die habe ich behalten! Skype macht es möglich und durch ständiges Sparen konnte ich sie auch wieder besuchen. Das ist das Schöne an so einem Austausch: Es ist nicht nur während des Jahres schön und man geht nicht nur mit Erinnerungen nach Hause. Man wird erwachsen, lernt eine andere Sprache fließend und wird Teil einer Kultur, die man als Tourist so nie kennenlernen würde. Und wenn man ein bisschen investiert, hat man sein Leben lang gute Beziehungen und eine Heimat auf der anderen Seite der Welt.

8.2 Luise – Idaho

Jeder hat schon mal einen dieser amerikanischen High School-Filme gesehen und sich insgeheim gewünscht, genau das auch einmal selbst zu erleben. Ein dekoriertes Schließfach, Footballgames, Marchingband und Cheerleader.

Auch für mich war das ein großer Traum, der 2011 endlich in Erfüllung gehen sollte. Nachdem ich meine Eltern wochenlang bearbeitet hatte, durfte ich zu Weihnachten endlich die Anmeldung ausfüllen und abschicken! Mein Herz pochte wie wild, als der erste Brief zurückkam: Eine Einladung zum Vorstellungsgespräch! Wow, jetzt würde es ernst. Das Gespräch, das zu zwei Dritteln auf English war, stellte sich als einfacher heraus als gedacht. Ein junger Mann stelle mir seelenruhig Fragen über mein bevorstehendes Abenteuer: Warum möchtest du in die USA? Was erhoffst du dir von dem Jahr? Wie ist dein Leben zur Zeit hier in Deutschland?

Zufrieden darüber, wie das Gespräch gelaufen ist, fuhr ich wieder nach Hause und wartete beklommen auf den nächsten Brief. Nach zwei Wochen kam er dann: Der Brief mit der Zusage! Überglücklich erzählte ich Freunden und Familie von meinem Vorhaben!

Über mehrere Monate hinweg bekam ich dann monatlich einen Brief, der mir Informationen zum weiteren Vorgehen gab und mich unterstützte. Ich musste eine Mappe über mich zusammenstellen, mit der ich mich bei Gastfamilien vorstellen würde, mein Visum beantragen, zum Vorbereitungsseminar und, und, und ...

Als der Sommer dann immer näher rückte, wurde ich immer nervöser. Konnte man für mich keine Gastfamilie finden? Würde ich vielleicht in Deutschland bleiben müssen? Angst machte sich in mir breit. Kurz vor August wurde ich dann endlich erlöst: Es geht nach Idaho! In 11 Tagen geht der Flieger! Moment, 11 Tage?! Panik! Ich muss doch noch packen und alles vorbereiten! Die Panik wich dann aber schnell meiner Vorfreude und ehe ich mich versah, saß ich auch schon am Flughafen und musste meinen Eltern und Freunden Lebewohl sagen. Ein Jahr lang würde ich sie jetzt nicht sehen; es war ein sehr tränenreicher Abschied.

Nachdem ich mit ca. 80 anderen Schülern aus aller Welt ein weiteres Seminar mit Sightseeing in New York hinter mir hatte, ging es endlich zu meiner Gastfamilie! Wir wurden in Grüppchen zum New Yorker Flughafen gebracht und in den Flieger gesetzt; nun war ich ganz allein. Als ich in meiner letzten Maschine nach Boise saß, wurde ich mit jedem Kilometer nervöser! Wie würde es sein; wie würden sie sein? Ich hatte zwar schon Fotos gesehen, aber in ein paar Minuten würden sie zum ersten mal vor mir stehen! Was, wenn die Chemie nicht stimmt? Was, wenn ich dort nicht glücklich werde? Panik drohte mich wieder einmal zu übermannen. Die war allerdings wie weg geweht, als ich sie zum ersten mal dort stehen sah! Unsicher ging ich auf sie zu und wurde sehr herzlich in Empfang genommen. Meine Gastmutter zog mich in eine liebevolle Umarmung und meine Gastschwester tat

Luise bei ihrem Besuch in New York

es ihr gleich. Mein Gastvater war etwas reservierter und gab mir höflich die Hand. Ich mochte sie alle auf Anhieb!

Als wir nach 40 Minuten Fahrt endlich in meinem neuen Zuhause ankamen, war es schon spät. Nachdem sie mich kurz rumgeführt hatten, packte ich noch das Nötigste aus meinem Koffer aus und ließ mich erschöpft ins Bett fallen. Ich war endlich in den USA!

Am nächsten Tag lernte ich dann meine Betreuerin kennen, die sich das Jahr über um mich und die anderen Austauschschüler in der Region kümmern würde.

Die ersten zwei Wochen gingen rum wie im Flug und ehe ich mich versah, stand mein erster Schultag vor der Tür. Ich war zwar schon einmal in der Schule gewesen, um meine Kurse zu wählen, allerdings würde es jetzt komplett anders werden! Wie werden die Schüler wohl auf mich reagieren? Werde ich schnell Freunde finden? Wird der Unterricht schwer werden? Von der Schulleitung wurde ich prompt in die 12. Klasse gesteckt, das machte mir zusätzlich Sorgen.

Die ersten paar Tage hängte ich mich an meine Gastschwester. Es stellte sich heraus, dass die Schule relativ klein war und so war ich schnell bei allen bekannt. Ich war die einzige Austauschschülerin hier und interessiert wurde ich von vielen über mich und mein bisheriges Leben in Deutschland ausgefragt. Schon bald hatte mich der Alltag mit Schule, Hausaufgaben und Footballgames eingeholt und ich fühlte mich immer wohler.

Anfang September war an unserer Schule „Homecomingweek" und somit stand mir auch der erste Schulball bevor: der „Homecomig dance"! In der „Homecomingweek" gab es jeden Tag ein Motto und alle Schüler kamen verkleidet zum Unterricht. Am Freitag war dann das große „Homecoming"-Footballspiel gegen eine lokale andere Schule und anschließend der Ball, wobei dann auch der „Homecoming King" und die „Homecoming Queen" gewählt wurden. Bei dieser Veranstaltung müssen aus Tradition die Jungs die Mädchen fragen, ob sie mit ihnen zum Ball gehen. In den USA ist es bereits eine richtige Kunst geworden, jemanden zum Schulball einzuladen. Es werden Autos dekoriert, riesige Banner aufgehängt und viele andere kreative Ideen umgesetzt. Der Ball hat riesig Spaß gemacht; alle haben getanzt und sich prächtig amüsiert! Es war genauso wie in den amerikansichen High School-Filmen!

Zum ersten mal richtig Heimweh bekam ich dann an meinem Geburtstag im November. All die Glückwünsche aus der Heimat machten mich traurig und ich vermisste meine Freunde und Familie sehr. Das hielt glücklicherweise nicht lange an, denn meine Gastfamilie hatte eine tolle Geburtstagsfeier für mich vorbereitet. Da war der Kummer schnell wieder vergessen. Und auch zu Weihnachten verdrängte meine Aufregung auf mein erstes amerikanisches Weihnachten meine traurigen Gedanken an meine Familie schnell. Es war ein pompöses Fest, wie man es aus Filmen

Cheerleading Luise (3. v.r.) beim Training in ihrer High School

kannte – und wieder wunderte ich mich darüber, wie akkurat die amerikanischen Filme doch sind.

Im Winter fing ich dann auch meine erste Sportart an: Cheerleading! Jeden Tag trainierten wir zwei Stunden lang nach der Schule, um dann einmal die Woche unser Basketball-Team anzufeuern! Hier wurde mir auch zum ersten Mal so richtig bewusst, wie wichtig Sport an amerikanischen Schulen ist. Fast jeder Schüler der High School und jede Menge Eltern kamen zu den Spielen und feuerten das heimische Team an! Die Leidenschaft, mit der sie das taten, ist vergleichbar mit einem Besuch im Fußballstadion in Deutschland! Am bewegendsten fand ich allerdings die Nationalhymne am Anfang jedes Spieles. Jeder im Raum steht auf, richtet den Blick auf die Flagge und hält sich die Hand aufs Herz. Ein so starkes Gefühl der Zusammengehörigkeit hatte ich bis dahin noch nie erlebt!

Die Monate verstrichen und mir nichts dir nichts war es auch schon Frühling! Da ich zuhause bereits seit meinem 6. Lebensjahr Tennis gespielt hatte, ließ ich es mir nicht nehmen, das auch hier zu tun. Die Saison ging schnell vorbei und schon stand der „Prom" vor der Tür! Meine Erwartungen waren durch sämtliche amerikanische Filme sehr hoch – und wurden auch voll und ganz erfüllt! Alle Mädchen waren in wunderschöne Ballkleider gehüllt und die Jungs waren ganz Gentleman. Es war ein toller Abend, der mir sicher noch lange in Erinnerung bleiben wird.

Der Höhepunkt meines Aufenthaltes war allerdings die „Graduation". Ich bin noch heute dankbar, dass die Schule mich daran teilnehmen lassen hat. Auch wenn ich nur ein Zertifikat für Austauschschüler überreicht bekommen habe, hat es sich doch wie ein toller Abschluss meines Jahres dort angefühlt. Die Zeremonie war – wie erwartet genauso wie im Film – und hat jede Menge Spaß gemacht!

Danach ging alles viel zu schnell: Plötzlich war es mein letzter Abend dort und ich saß mit all meinen Freunden ein letztes Mal bei uns im Garten ums Lagerfeuer. Unter Tränen verabschiedete ich mich von allen und staunte darüber, wie schnell mir diese Menschen doch ans Herz gewachsen sind.

Zurück in Deutschland hatte ich dann zur Verwunderung meiner Eltern Probleme, mich wieder einzuleben. Ich vermisste die amerikanische Kultur, Mentalität und Menschen. Ich brauchte einige Monate, um wieder völlig in Deutschland anzukommen. Im Nachhinein betrachtet war das mit Abstand der schwierigste Teil des ganzen Jahres.

Mit all den Höhen und Tiefen muss ich sagen, dass ich eines der besten Jahre meines Lebens dort hatte und ich sofort wieder in den Flieger steigen würde! Durch den Austausch bin ich nicht nur selbstbewusster, sondern auch verantwortungsbewusster und selbstständiger geworden.

Ein Traum, der in Erfüllung gegangen ist, und ein Abenteuer, das ich nicht missen möchte.

8.3 Mareike – Texas

Vor mehr als 3 Jahren habe ich das größte Abenteuer meines Lebens angetreten. Noch total unwissend bin ich in ein riesiges Land geflogen und wusste nicht, wo ich zuerst hinschauen sollte. Nach der New York Orientation ging es auf nach Houston, Texas. Auf dem Weg vom Flugzeug bis zur Gepäckausgabe wurde der Weg immer länger und mein Herz hat sich gefühlte 5-mal hintereinander überschlagen. Doch meine Gastfamilie hat mich sofort mit offenen Armen empfangen und wir haben uns von Anfang an lieb gewonnen. Schon nach kurzer Zeit haben sie mich als ihre Tochter und nicht als eine Austauschschülerin angesehen.

Ich habe viel gesehen und neue Erfahrungen gesammelt, war in Los Angeles, Washington D.C. und Dallas. Doch natürlich gab es auch bei mir den obligatorischen Kulturschock. Der kam gleich am Anfang. Als meine Gasteltern mich vom Flughaben abgeholt und ich zum ersten Mal mein neues Zuhause im realen Leben gesehen hatte (dank Google Street View konnte ich mich ja schon virtuell nach Houston versetzten), stelle ich erst einmal meine Taschen ab. Doch anstatt sofort auszupacken, sagte mein Gastvater aus voller Überzeugung: „Lass deine Koffer hier stehen. Ich zeige dir zuerst, wo in unserem Haus die Waffen versteckt sind." Wie bitte?! Waffen?! Verstecke?! Und auch noch so viele, dass ich mir knapp 6 Verstecke merkten muss?! Tja, *Welcome to Texas!* Dieser Schock hat mich, die aus einem kleinen beschaulichen Örtchen nahe dem Thüringer Wald kommt, noch über einen Monat verfolgt. Jedoch hat mich der Gedanke an all die Waffen im Haus nicht daran gehindert, mich bei meiner Gastfamilie pudelwohl zu fühlen.

Schließlich stand nach dem Waffenerlebnis gleich am nächsten Tag mein erster Schultag vor der Tür. Ich habe die Nacht sehr unruhig geschlafen und bin mit rasendem Puls am Morgen zur Schule gefahren. Meine größte Angst war dabei, dass ich mein Lunch, wie Außenseiter in den meisten High School-Filmen, auf dem Klo einnehmen muss. Doch genau das Gegenteil ist eingetreten. Ich wurde in all meinen Klassen mit offenen Armen empfangen. Schüler, die mich durch die High School führten, kann ich heute noch meine Freunde nennen. Und das Mittagessen wurde dann auch mit mindestens 8 Leuten eingenommen.

Natürlich ist es eine große Umstellung, wenn man auf einmal auf eine Schule mit 2.500 anstatt 500 Schülern geht. Man verläuft sich prinzipiell in den ersten Tagen, vergisst viele Namen und es herrscht ein ständiges Gedränge und Geschubse in den Gängen. Willkommen auf einer typischen amerikanischen High School!

Natürlich gehört zu so einer High School auch ein super Footballteam. Jeden zweiten Freitag fand das „Homegame" im Stadion statt und schon in der letzten Stunde, bevor sich der Schultag dem Ende neigte, hört man die Marchingband und Cheerleader, die die Schüler auf das bevorstehende Spiel einstimmen. Solche Ereignisse gab es zu genüge. School Musical, Choirshow, Theaterproduktionen, Halloween und natürlich der berühmt berüchtigte „Prom"!

Dieser Tag war einer der aufregendsten des ganzen Jahres. Man hat Wochen vorher nach einem Kleid geschaut, sich am Morgen zum Friseur gesetzt und gehofft, dass alles super aussieht. Ich bin mit einer Gruppe von Mädels zum Ball gefahren und das Thema „Moonlit Masquerade" wurde perfekt umgesetzt. Es war einfach ein magischer Abend! Leider aber auch einer meiner letzten in Amerika ...

Ich habe mich sehr viel verändert, bin an mir gewachsen und bin jetzt viel offener und selbstbewusster. Leider musste ich nach 9 Monaten im „Land der unbegrenzten Möglichkeiten" meine Heimreise unter Tränen antreten und wenn ich heute,

Mareike mit der rosafarbenen Girlande inmitten ihrer Freunde

nach 2 Jahren, Bilder von meiner Gastfamilie auf Facebook sche, bekomme ich noch immer Fernweh. Genau aus diesem Grund habe ich diesen Herbst angefangen, in Leipzig „American Studies" zu studieren.

Ich möchte euch noch eins auf den Weg mit geben: Es ist total unwichtig, wann ihr eure Gasteltern bekommt und wie alt sie sind. Ich bekam die Info, in welcher Familie ich 9 Monate lang leben würde, erst 5 Tage vor meiner Abreise. Noch dazu waren meine Gasteltern zu diesem Zeitpunkt schon beide über 50. Doch das tat dem Ganzen keinen Abbruch. Obwohl wir vorher keine Zeit mehr hatten, uns gegenseitig per Skype kennenzulernen, war es so, als ob wir uns von Anfang an kannten. Macht euch keinen Stress, wenn andere Austauschschüler früher eine Familie haben. Manchmal entscheiden sich die besten Familien erst ganz spät für einen Schüler. Gleichzeitig solltet ihr immer offen und neugierig durch euer High School Year gehen. Nehmt alles mit, was geht – auch wenn ihr vielleicht glaubt, dass ihr es nicht mögen werdet. Genau diese Erfahrungen sind es, die euch am Ende prägen!

8.4 Clara – Idaho

Irgendwo im Nirgendwo – das Landleben in Amerika

Große High School, abwechslungsreiche Freizeitaktivitäten, zahlreiche Leute: So stellen sich viele ein Auslandsjahr in den USA vor – doch für mich sollte es das Gegenteil werden. Als ich im Juni 2013 erfuhr, dass es mich nach Idaho führen würde, musste ich erst einmal googlen. Idaho? Wo liegt das überhaupt? Ich fand heraus, dass sich der unscheinbare sogenannte „Kartoffelstaat" der Vereinigten Staaten, der zu 47 % bewaldet ist und außerdem genauso viele Einwohner wie Hamburg hat, obwohl die Fläche 300 mal so groß ist, im nördlichen Westen der USA befindet. Näheres sollte ich erst erfahren, als ich einige Monate später in Boise, der Hauptstadt Idahos, aus dem Flugzeug stieg. Weite Sicht über Kilometer, kaum Vegetation, dafür aber eine brennende Hitze.

Als ich mit meiner Gastfamilie auf der ersten gemeinsamen Autofahrt, die übrigens sehr anstrengend für mich war (Müdigkeit kombiniert mit Sprachverständnisschwierigkeiten), ein Nachbardorf durchquerte und ich interessiert fragte, wie viel größer denn die Stadt mit der Schule sei, wurde ich nur angelächelt und freundlich darauf hingewiesen, dass das nur ein 200-Seelen Dorf sei. Trotz meiner nicht zu leugnenden Überraschung kam eine riesige Vorfreude in mir auf. Denn ich war ja gekommen, um neues kennenzulernen.

Und das ging direkt bei meiner neuen Unterkunft los: Ein großer Bauernhof mit vielen verschiedenen Tieren (was aus dem Informationsschreiben, in dem von zwei Hunden die Rede war, nicht klar hervorgegangen war), einige hundert Meter Abstand bis zum nächsten Nachbarn und weit und breit Felder, Felder und noch mehr Felder. Nicht dass ich an ein Großstadtleben gewöhnt war, aber so weit auf dem Land zu leben, war dann doch etwas anders.

Clara (2. v.l.) mit ihrem Lauftreff in Idaho

Wie sich aber mit der Zeit herausstellte, lernte ich es zu lieben und genoss die Stille und die weiten Aussichten, während meiner Fahrradtouren oder Laufrunden. Wann kommt es schon mal vor, dass man auf Nicht-Schleichwegen stundenlang keinem Auto begegnet?

Allerdings ist der große Nachteil des „Abseitslebens" wahrscheinlich offensichtlich: Die fehlende Mobilität. Für die Amerikaner gelten Fahrräder grundsätzlich nicht als Fortbewegungsmittel (was mich als leidenschaftliche Fahrradfahrerin sehr enttäuscht hat), und Bus und Bahn gab es auf dem Land natürlich auch nicht. Wo auch immer man hinwollte, man war auf das Auto angewiesen.

So schlecht es auch klingen mag, es hatte trotzdem einen Vorteil. Da ich nicht andauernd meine Gasteltern fragen wollte, ob sie mich irgendwo hinfahren könnten, organisierte ich mir Mitfahrgelegenheiten in die Stadt, zur Schule oder zu Freunden. Und das ist wahrscheinlich eins der spaßigsten Dinge, die man machen kann: mit Freunden reden und lachen und mit heruntergekurbeltem Fenster und Country Musik im Radio durch die Gegend fahren. So wurde die eine oder andere Fahrt zu einem Vergnügen, das man mit Busfahren nicht vergleichen kann.

Dennoch blieb das Problem, dass es in der Umgebung nichts gab, wo man seine Freizeit verbringen kann – während es in Deutschland überall Schwimmbäder, Kinos und Jugendstätten gibt. Alles läuft also auf die Schule hinaus, die der Dreh- und Angelpunkt meines Lebens in Amerika werden sollte. Nicht nur, weil man dort gut zwei Drittel des Tages verbringt, sondern auch weil sie der einzige Ort ist, wo man Menschen seines Alters begegnen kann.

‚Klein aber fein' – diese Floskel passt wahrscheinlich am besten zu der High School, auf die ich gehen durfte. Mit 70 Schülern verteilt auf die Jahrgänge neun bis zwölf, was für viele nach sehr wenig klingen mag (und ich kann bestätigen, das ist es!), war die Schule eine der kleinsten im Staat. Dazu kommt, dass in jenem Jahr elf der 70 Schüler Austauschschüler aus aller Welt waren und für eine gewisse Internationalität sorgten. Meine Vorstellung von langen Gängen und vielen Etagen, die unter anderem auf amerikanische Filme zurückzuführen ist, wurde schon am ersten Schultag aus meinem Kopf radiert. Ein circa 40 Meter langer Gang, sieben Klassenzimmer für sieben Lehrer, eine überschaubare Sporthalle und Pausen, in denen man jedem einzelnen Schüler der Schule über den Weg läuft. Das Namenlernen hat folglich nicht allzu lange gedauert.

An Fächern gab es letztendlich nicht sonderlich viel Auswahl, weshalb ich oft in Kurse geraten bin, die mich eigentlich eher weniger interessierten und die ich hier in Deutschland schon lange belegt hatte. Schnell merkte ich, dass es den Amerikanern an öffentlichen Schulen nicht in erster Linie um Bildung geht. Das Niveau der Kurse, die ich als Zehntklässlerin dort besuchte, entsprach etwa dem einer achten Klasse eines deutschen Gymnasiums. Zudem gab es einige Kurse, bei denen ich mich wirklich fragte, ob sie für eine Schule angemessen waren. Fotografie, wo es nur darum ging, einmal die

Woche ein Foto zu einem bestimmten Thema einzureichen und sich ansonsten die Zeit im Computerraum zu vertreiben, oder ein Landwirtschaftskurs, bei dem ein Themenblock für mehrere Wochen das Blumenstraußbinden war.

Aber wirklich gestört hat es mich nicht, denn es war ja nicht mein Ziel, mit überragendem Fachwissen zurückzukehren, sondern das kennenzulernen, was es an deutschen Schulen nicht gibt: das besonders ausgeprägte Gemeinschaftsgefühl, den ‚School Spirit'. Und der war an dieser kleinen Schule überdurchschnittlich groß. Besonders weil man jeden (sowohl Lehrer als auch Schüler) persönlich kannte, war der Zusammenhalt umso größer und Mobbing war überhaupt kein Thema. Die gesamte Stimmung war sehr familienähnlich, weil es niemanden gibt, den man nicht kennt.

Was all das natürlich besonders prägte, war der Sport, der auch für mich persönlich eine sehr große Rolle spielte. Zwar gab es nicht viele Sportarten zur Auswahl, dafür musste man sich aber keine Sorgen um sogenannte ‚Try-outs', also Aufnahmetests für die jeweiligen Mannschaften machen, sondern konnte auch als Neueinsteiger direkt Teil des Teams werden. Bei so wenigen Schülern wird eben jeder Spieler benötigt.

In Amerika Sport zu machen bedeutet jeden Tag Training, ohne das ich mich wahrscheinlich an den Nachmittagen sehr gelangweilt hätte. Nach der Schule ging es direkt los mit Hallen-, Lauf- oder Krafttraining, das dann bis circa sechs Uhr abends dauerte. Viel Zeit zu Hause blieb einem also nicht mehr, die man sich dann gut für Hausaufgaben und Sonstiges einteilen musste.

Eine Sportart auszuüben bedeutete aber auch Wochenenden voller Spiele, bzw. Wettkämpfe. Häufig sind wir früh morgens mit dem berühmten gelben Schulbus zu den oft mehrere Stunden entfernten Gegnern gefahren und erst abends nach Hause zurückgekehrt. Große Highlights waren natürlich die Turniere, zu denen dann auch Übernachtungen und jede Menge Spaß gehörten. Besonders all diese Auswärtsfahrten waren ein Vergnügen, weil man immer nach bzw. vor den eigenen Spielen dem Team der Jungs zuschauen und es anfeuern konnte. Das verstärkte das Gemeinschaftsgefühl ungemein. Mit Sport in Deutschland lässt sich dieser amerikanische Schulsport nur schwer vergleichen, weil es eben „Schul"-Sport ist. Ist man Teil eines Teams, hat man ziemlich schnell Freunde gefunden und wird schneller in die Schulgemeinschaft integriert. Lehrer sprechen einen auf Spiele, das Training, Zeitungsberichte und Fortschritte innerhalb der Mannschaft an. Das ganze Dorf kommt, um bei Spielen zuzusehen. Die Schule veranstaltet Feste nur wegen des Sports, vorneweg natürlich Homecoming und Tip Off, für welche die ganze Schule für eine volle Woche umgekrempelt wird, um die Mannschaften zu unterstützen.

Das Landleben hat also durchaus zwei Seiten, von denen mich die positive mehr überzeugt hat als die negative. Ich kann nur empfehlen, sich auf so etwas einzulassen, wenn man das Angebot bekommt, denn es ist auf jeden Fall die Erfahrung wert. Es mag zwar am Anfang sehr gewöhnungsbedürftig und anders sein, aber anders muss nicht immer schlechter heißen, sondern kann das Jahr umso interessanter machen.

8.5 Anna-Bithja

Anna-Bithjas Aufenthalt liegt schon 10 Jahre zurück. Sie beschreibt hier, wie sehr der Aufenthalt ihren weiteren Lebenslauf geprägt hat und wie sie ihren Aufenthalt mit einem Abstand von einem Jahrzehnt bewertet.

In der Zehn-Jahresrückschau bleiben viele warme Erinnerungen an mein Auslandsjahr in den USA zurück. Am nachdrücklichsten aber ist die Dankbarkeit für die amerikanische

Leichtigkeit. Welche Kultur nimmt eine Schülerin ohne Voreingenommenheit im eigenen Haus auf – ohne vorher zu wissen, was oder wer einen erwartet? Die deutsche Mentalität neigt oft dazu, alles bis aufs kleinste Detail vorausplanen zu wollen. Unsicherheiten bedeuten Stress und ein Heraustreten aus der Wohlfühlzone. Dadurch verpasst man die Erfahrung, dass Ungewissheit reich macht – an Lebenserfahrung und Abenteuer.

Außerdem danke ich den Amerikanern für ihren unzerstörbaren Optimismus. Die „du kannst sein, was immer du willst"-Mentalität erscheint uns Deutschen naiv, zunehmend sogar etwas dümmlich. Fakt ist, dass man ganz anders durchs Leben geht, wenn man glaubt, alles schaffen zu können. Fehler oder Versagen werden bei einem selbst gesucht („you did not work hard enough"), Erfolge aber auch. Das führt zu einer sehr selbstbewussten und positiven Grundhaltung. Warum diese nicht auch automatisch zu mehr Selbstreflexion führt, habe ich aber bis heute nicht herausgefunden.

Auch danke ich Ihnen für Ihre Esskultur. Ich bin immer mit der Angst groß geworden, nicht zunehmen zu dürfen, da sonst Inakzeptanz der Gesellschaft droht. In Amerika habe ich gelernt, das Essen Spaß macht und man sich für mehr Kilos nicht zu schämen braucht, weder in der Schule noch sonst wo im Leben. Ein Jahr lang essen zu können, was ich wollte, hat mir ein wahres Gefühl von Freiheit vermittelt. Zurückgekommen bin ich mit einem neuen Körpergefühl und der Erkenntnis, dass die Pfunde durch normales deutsches Leben so schnell wieder gehen wie sie gekommen sind – also kein Grund zur Panik – und der Weisheit, dass „das Jahr genießen" auch „alles ausprobieren" bedeuten sollte.

Dafür dass ich noch mal Kind sein durfte, bin ich meinen Gasteltern besonders dankbar. Ich verließ Deutschland als Trennungskind. Meine Mutter hatte seit einem Jahr Krebs und ich kümmerte mich deshalb bereits über Monate um meine beiden kleinen Geschwister. Amerika bedeutete für mich nur eines: Entfliehen von zu Hause! Dort wurde ich mit sehr strikten Regeln konfrontiert: Kein Alkohol, keine Jungs, Hausarbeit, Curfew [Zapfenstreich]. Diese Regeln haben mich geschützt vor dem Erwachsensein, dem ich in Deutschland ausgesetzt war. In den USA ist es mir deshalb überhaupt nicht schwer gefallen meine neue Rolle zu akzeptieren. Auch wenn ich in den USA vornehmlich Kind war, kam ich doch als Erwachsene nach Hause, wie mir meine Mutter noch heute berichtet. Die Mitarbeit bei der Hausarbeit war für mich genauso selbstverständlich, wie die selbstständige Arbeit in Schulangelegenheiten. Meiner Mutter war ich seither eine große Hilfe bei der Hausarbeit, nicht mehr bei der Kindererziehung, außerdem eine gute Schülerin, aufgrund meines neuen Selbstbewußtseins im Hinblick auf die Schule.

Für eine neue Definition von Schule. Vor meiner Abreise war Schule etwas Lästiges. Gute Schüler waren Streber, schlechte Schüler waren cool. Das führte dazu, dass ich nicht viel für die Schule machen wollte und auch nicht die Notwendigkeit sah, mich anzustrengen. In Amerika war das genau andersrum: Lehrer waren wie Freunde, persönlich an einem interessiert und ließen sich nicht mit Aussagen wie „ich verstehe das eh nie" abspeisen. So setzte sich mein Mathelehrer nach jedem Unterricht zu mir und fragte, ob ich mitgekommen sei. Es war eine völlig neue Erfahrung, dass ein Mathelehrer glaubte, ein Mädchen müsste in einem naturwissenschaftlichen Fach genauso mitkommen wie ein Junge! Ich strengte mich also an, für ihn, für mich und auf einmal klappte es. Selbst Chemie war mir nach ein paar Monaten ein leichtes. Diese Einstellung hat in Deutschland dazu geführt, dass ich an meine Leistungen glaubte und von einer eher mäßigen Schülerin zu einer stolzen Streberin wurde. Bis heute kommt mir Mr. Murells noch oft in den Sinn. Ich bin davon überzeugt, dass er maßgeblichen Einfluss auf meinen bisherigen beruflichen Werdegang hat.

Schlussendlich bin ich den Amerikanern dafür dankbar, dass ich meine Heimat mehr zu schätzen gelernt habe. Während man als Jugendliche in den USA lebt, reflektiert man Erlebtes (zum Glück) nicht wie ein Erwachsener. Heute sehe ich manches sehr viel kritischer: zum Beispiel den Umgang mit Ressourcen, das Desinteresse am Weltgeschehen, den noch vorherrschenden Rassismus, die Medien, den übermäßigen Medikamentenkonsum, das Gesundheitssystem, das Rentensystem, genmanipuliertes Essen etc.

Obwohl mein Auslandsjahr eine der besten Entscheidungen meines Lebens war, bin ich doch froh, nur Gast gewesen zu sein. Ich konnte die guten Dinge mitnehmen und mich heute von dem Rest von weitem distanzieren.

8.6 Dominique – North Carolina

Motivation:

Ich habe mich damals relativ früh – in der 8. Klasse – dafür entschieden, ein Auslandsjahr in den USA machen zu wollen. Zum einen hatte ich schon immer den Wunsch, während meiner Schulzeit, eine längere Zeit im Ausland zu verbringen und einen völlig anderen Schulalltag als den Deutschen kennenzulernen. Zum anderen hat mich die amerikanische Kultur, die ich nur aus Erzählungen und den Medien kannte, fasziniert.

Zuletzt verbrachte mein Bruder ein Jahr als Austauschschüler in Dallas, sodass mich seine Erzählungen umso mehr in meinem Entschluss bestärkt haben – und das obwohl er verhaltnismäßig viele negative Erlebnisse hatte (u.a. 3-facher Familienwechsel). Vielleicht suchte ich damals auch einfach nur das große Abenteuer: als 16-Jähriger etwas sehr Besonderes weit weg vom familiären Umfeld erleben zu können.

Vor der Abreise:

Nachdem ich mich für AIFS als Organisation entschieden hatte, wartete ich auf die Zuteilung meiner Gastfamilie. Das war
schon sehr spannend, auch wenn ich allen möglichen Konstel-
lationen sehr offen gegenüberstand. Für mich war es jedoch
nur wichtig, meine Lieblingshobbys – Fußball und Tennis – an
meiner zukünftigen High School ausüben zu können.

Bereits Anfang Mai wurden mir ein alleinstehender Kran-
kenpfleger und seine vier Hunde aus Greenville, NC als mögliche Gastfamilie in Aussicht gestellt. Zunächst war ich etwas
enttäuscht, da ich auf eine „richtige" Familie mit Kindern –
im Optimalfall in meinem Alter – gehofft hatte. Mir wurde
seitens AIFS schnell klargemacht, dass meine sportlichen
Bedingungen nicht allzu häufig erfüllt werden könnten und
dass der Gastvater bereits 12 Studenten aus aller Welt bei sich
aufgenommen hatte; also über viel Erfahrung im Umgang mit
pubertierenden Austauschschülern verfügte. Nach mehrma-
liger Rücksprache mit zwei ehemaligen deutschen Austauschschülern, die je 10 Monate bei ihm verbracht hatten und begeistert waren, entschied ich mich für diese Option. Folglich
telefonierte ich in den kommenden Wochen vor meiner Abreise mehrfach mit Dale, meinem zukünftigen Gastvater.

Nebenbei informierte ich mich ein wenig über den Staat
North Carolina und überlegte auch schon, wie die Zusam-
menstellung meines Gepäcks für das Jahr aussehen könnte.
Alles Andere ließ ich auf mich zukommen.

Vor der Abreise fand noch ein „Workshop" mit allen AIFS-
Austauschschülern aus der Region statt, während dem wir
u.a. einiges über die amerikanische Kultur und Gesellschaft
sowie die dort üblichen „Do's und Dont's" lernten.

Ankunft bei der Gastfamilie:

Nach ein paar gemeinsamen Tagen mit anderen Austauschschülern in New York, landete ich Ende August in Greenville,

NC. Mein Gastvater holte mich am Flughafen ab und wir fuhren nach Hause. Während der Autofahrt zu meinem neuen Zuhause waren die Stimmung und meine Gefühlslage etwas seltsam, da ich mir ständig klarmachen musste, dass ich die kommenden 10 Monate hier verbringen würde. Ich erinnere mich bis heute an den Satz meines Gastvaters: „Don't worry, right now, you don't have to say anything."

Die ersten Tage verbrachte ich damit, meinen Gastvater und die vier Hunde besser kennenzulernen und mich an das Haus und die Umgebung zu gewöhnen. Um mir die Eingewöhnung zu erleichtern, bin ich von Beginn an offen auf meinen Gastvater zugegangen. Das erwies sich als die richtige Entscheidung, denn so haben wir uns sehr viel über alle möglichen Themen ausgetauscht – anfangs darüber, was von mir als Austauschschüler erwartet werden würde. Das Vertrauen zwischen uns wuchs ziemlich schnell und ich sah ihn früh als Freund an.

Schule und Freunde:

In der 3. Woche betrat ich zum ersten Mal die JH Rose High School in Greenville, die mit ca. 1.500 Schülern eine mittelgroße Schule ist. Mir wurde in der 1. Woche jeweils ein Spieler aus der Footballmannschaft zur Seite gestellt, mit dem ich gemeinsam den Unterricht besuchte, um mir ein Bild von dem Niveau zu machen. Dadurch, dass ich sie den ganzen Schultag begleitete, lernte ich ihre Freunde kennen und konnte schnell Anschluss finden. Nach der Woche musste ich dann entscheiden, welche Kurse ich belegen wollte. Ich entschied mich für Fächer, die auf meinen Kursen in Deutschland mehr oder weniger aufbauen würden. Das ist nicht ganz einfach, da zum Beispiel in Mathematik der „Calculus-Kurs" nicht wirklich zum deutschen Schulstoff gehört.

Meine Lehrer und der Großteil meiner Mitschüler waren von Anfang an offen und an mir interessiert, sodass mir der Einstieg in den Schulalltag leicht gefallen ist.

Der Schultag begann jeden Morgen um 8.05 Uhr und endete um 15.30 Uhr. In der 1. Unterrichtsstunde wurde täglich 15 Minuten Nachrichten (NBC) geguckt, bevor der Unterricht begann. Insgesamt bestand der Schultag aus 6 Fächern und einer einstündigen Mittagspause (nach der 3. oder 4. Stunde). Der Stundenplan war daher jeden Tag für die Länge des gesamten Schuljahres identisch mit denselben 6 Fächern. An meiner High School durften drei Kurse völlig frei gewählt werden; die anderen drei Kurse mussten aus dem Fächerbereich Englisch (Standard oder Literatur), Mathematik und Geschichte (Amerikanische, Europäische oder Weltgeschichte) gewählt werden. Außerdem gab es wählbare Kurse auf Hochschulniveau, die sich AP-Kurse nannten, die jedoch aufgrund des hohen Zeitaufwands nicht unbedingt empfehlenswert erscheinen.

Unterschiede zum Unterricht in Deutschland gibt es einige: In den USA gibt es kaum Raum zu Diskussionen und eine Mitarbeit der Schüler wird nur in einigen Fächern erwartet. Ansonsten sind in allen Fächern, täglich Hausaufgaben zu erledigen, die als Hilfe für die vielen „Quizzes" (Tests) und die größeren Klausuren [Half Term Exam; Final Exam (Finals)] dienen. Die Hausaufgaben sind in der Regel nicht wirklich schwer, jedoch sehr zeitintensiv.

Bei Nicht-Erfüllung der Anforderungen, wie zum Beispiel dem Vergessen der Hausaufgaben, waren die Lehrer an meiner Schule wesentlich strenger als in Deutschland, d.h. bereits bei kleineren Vergehen wurden Notenpunkte von der Endnote abgezogen. Die freiwillige mündliche Mitarbeit wurde bei der Notenvergabe dagegen kaum bis gar nicht einbezogen.

Im Schulalltag ist es typisch, dass sich die Schüler vor dem Unterricht und in der Mittagspause treffen und Zeit miteinander verbringen. Zwischen den Stunden gibt es dagegen wenig Zeit, da die Wege von einem Klassenraum zum anderen recht lang sein können. Einmalig an amerikanischen Schulen – so auch an meiner – ist der „School Spirit". Der zeigt sich vor

Dominique (rechts) bei der Prom mit seinen Freunden

allem bei Sportwettkämpfen, an denen die eigene Schulmannschaft teilnimmt. So erschienen beim letzten Meisterschaftsspiel meiner Fußball-Schulmannschaft 500 Zuschauer (wovon die meisten Mitschüler waren) und sogar der lokale TV-Sender; bei einem bedeutendem Basketballspiel waren es sogar ein paar Tausend. Alle Schüler nutzen diese Veranstaltungen, um noch mehr am Schulleben teilzunehmen, neue Bekanntschaften zu machen und bestehende Freundschaften zu festigen. Persönlich habe ich diverse Sportarten als Zuschauer verfolgt und auch dadurch sehr guten Anschluss bekommen.

Neben der Zuschauerrolle habe ich für die Schulmannschaften Fußball und Tennis gespielt. Die Entscheidung in beiden Sportarten an den „Tryouts" teilzunehmen, erwies sich als absoluter Glücksfall. Unmittelbar nach meiner Ankunft in den USA fuhr mich mein Gastvater zu der Fußballmannschaft meiner High School. Dadurch habe ich noch vor Beginn meiner ersten Schulwoche erste Kontakte zu Schülern geknüpft. Nach wenigen Wochen war ich bereits ein vollwertiges Mitglied der Mannschaft und lernte immer mehr Freunde kennen. Sie halfen mir auch abseits des Platzes, mich schnell im amerikanischen (Schul-)Alltag zurechtzufinden. Im Vergleich zu zwei anderen Austauschschülern, die zur gleichen Zeit mit mir an der High School waren, jedoch keinem Hobby an der Schule nachgingen, konnte ich mich folglich viel schneller integrieren und Freundschaften knüpfen. Es gab zwar zwischendurch kleine (sportliche) Rückschläge, sodass ich zum Beispiel die ersten Spiele gar nicht eingesetzt wurde – was sehr frustrierend ist, wenn man zuvor 5 Stunden mit dem Bus angereist ist. Ich habe aber nie aufgegeben und diese Mentalität leben und lieben die Amerikaner gerade im Sportbereich. Folglich wurde ich dann mit Einsätzen belohnt.

Sowohl im Unterricht als auch außerhalb war es für mich anfangs nicht unbedingt leicht, dem schnellen „Southern Accent" der Lehrer und Mitschüler zu folgen. Ebenso ist es in den ersten Wochen ziemlich anstrengend, den ganzen Tag nur Englisch zu hören und sprechen zu müssen. Zu meiner Zeit war der Internetzugang auch noch relativ eingeschränkt und es gab noch kein Skype, sodass ich während des gesamten Aufenthaltes nur sehr selten eine andere als die englische Sprache nutzte. Das hat mir jedoch gleichzeitig enorm geholfen, um meine Englischkenntnisse zu verbessern und mich völlig integriert zu fühlen.

Nach den ersten drei Monaten – in denen mich alles rund um mein neues Leben in den USA faszinierte – und dem Ende meiner sehr erfolgreichen Saison mit der Fußball-Schulmannschaft, wurde mein amerikanischer Alltag zur Routine. Die häufig erwähnte Krisenphase fand bei mir nicht wirklich statt, sodass ich mich bis zu meiner Abreise in der Anpassungsphase befand. Natürlich gab es neben den vielen Höhen auch Tiefen, während derer ich mich viel mit meinem Gastvater und neuen amerikanischen Freunden unterhielt, um neue Motivation zu finden. Meines Erachtens brachte mir das viel mehr, als mich mit meiner Familie und Freunden in Deutschland zu unterhalten, da ich sonst wohl Heimweh gehabt hätte. Außerdem hätten sie mir bei der Integration im amerikanischen Alltag auch nicht wirklich weiterhelfen können.

Traurigerweise musste ich nach den ersten Wochen feststellen, dass relativ viele aufgebaute Freundschaften zu meinen amerikanischen Mitschülern oberflächlich waren. Die Neugier und das Interesse an meiner Person wichen mehr und mehr der Ignoranz und beschränkten sich auf Smalltalks im Flur. Manchmal war es für mich sehr schwer verständlich, warum sich einige Mitschüler, mit denen ich in den ersten Wochen viel unternahm, plötzlich und ohne nennenswerten Grund von mir abwandten. Heute weiß ich, dass Amerikaner beim ersten Kontakt zwar sehr offen sind, es jedoch sehr schwer sein kann, ehrliche und ernsthafte Freundschaften mit ihnen aufzubauen. Zudem sind viele Amerikaner – einschließlich meiner tatsächlichen Freunde – nicht unbedingt zuverlässig, wenn es beispielsweise um Pünktlichkeit geht. Die Erfahrung musste ich während des Austauschjahres mehrfach machen, als ich mich mit Freunden verabredet hatte.

Zum Abschluss noch eine Übersicht, wie mein typischer Schultag damals ablief:

7 Uhr	Aufstehen
8 Uhr	Schulbeginn (die ersten 4 Fächer)
12 Uhr	Mittagspause
13 Uhr	Fortführung des Unterrichts (2 Fächer)
15.30 Uhr	Schulende
16-18 Uhr	Fußballtraining, später Tennistraining
18-20 Uhr	Hausaufgaben
18-20 Uhr	2x/Woche Meisterschaftsspiele. Wenn auswärts, Abfahrt u.U. nach 4. Stunde und Rückkehr nachts
20-22 Uhr	Abendessen, TV und andere Aktivitäten mit meinem Gastvater

An Wochenenden habe ich viel mit meinem Gastvater unternommen: Einkaufen, Strand, Kino, Freunde treffen, Besuch von Sportveranstaltungen der East Carolina University, Besuch der Familie in Virginia, Ausflüge etc.

Alltag in der Gastfamilie:

Nach der Schule, wenn ich nach Hause kam, kümmerte ich mich als erstes um die vier Hunde meines Gastvaters, die gefüttert werden mussten etc. Das war von Anfang an meine Aufgabe, da mein Gastvater in den ersten Monaten noch sehr wechselhafte Dienstpläne hatte und sich nicht ausreichend um die Hunde kümmern konnte. Auch wenn meine Familie in Deutschland nie Haustiere besaß und es anfangs gewöhnungsbedürftig war, lernte ich schnell, mich um die Hunde zu kümmern. Ebenso baute ich schnell eine emotionale Bindung zu ihnen auf, da sie mir vertrauten.

Zu meinen weiteren Aufgaben gehörte es, mein Zimmer regelmäßig aufzuräumen und beim Putzen des Hauses mitzuhelfen. Ebenso half ich bei der Zubereitung des Essens und dem Waschen unserer Wäsche. Mein Gastvater und ich waren sehr schnell auf einer Wellenlänge und verbrachten an den Wochenenden sehr viel Zeit miteinander (siehe obige Aktivitäten). Besonders genossen wir es, uns über diverse Themen auszutauschen. Auch wenn wir in manchen Punkten sehr unterschiedliche Meinungen vertraten (zum Beispiel die Todesstrafe), stritten wir uns nie.

Für mich war es nur schwer, dass er mir nicht erlaubte, meine amerikanischen Freunde am Wochenende abends zu treffen, da er immer vermutete, Alkohol sei im Spiel. Somit konnte ich während meines Austauschjahres und mit Ausnahme der Prom-Nacht keine Freunde abends treffen, es sei denn, sie kamen zu uns ins Haus.

Schwierigkeiten:

Neben der bereits erwähnten, oberflächlichen Herangehensweise an Freundschaften, gab es noch andere Bereiche, die in meinem Fall zu Schwierigkeiten führten. Bei einem meiner ersten Fußballspiele wurde ich von einem Außenstehenden gebeten, die amerikanische Nationalhymne, die traditionell vor jeder sportlichen Veranstaltung gespielt wird, mitzusingen und meine rechte Hand auf mein Herz abzulegen. Ich tat es nicht und wurde dafür lange kritisiert – was ich bis heute nicht verstehen kann.

In der Schule hatte ich damit zu kämpfen, dass einige Mitschüler häufiger von mir abschreiben wollten. Mir fiel es nicht leicht, ihnen nicht zu helfen, zumal sie sauer auf mich waren und mich aufgrund dessen vor anderen Mitschülern in den Pausen schlecht redeten. Ich ging jedoch offen damit um und bat sie, mich nicht mehr zu fragen. In einem Fall musste ich jedoch meine Lehrerin einschalten, die mir dann einen anderen Platz im Klassenraum zuwies.

Insgesamt hatte ich jedoch wenige Probleme, mich im amerikanischen Alltag zu integrieren. Gewöhnungsbedürftig war damals die Essensauswahl in der Schulkantine, da eigentlich nur Fast Food-Mahlzeiten und Softdrinks angeboten wurden. Letztlich konnte ich mich mit meinem Gastvater darüber verständigen, wöchentlich einkaufen zu gehen und mein eigenes Essen in die Schule mitzunehmen. Ebenso ist es in den USA gang und gebe, täglich in Restaurants zu essen oder Essen von Fast Food-Ketten wie Subway, McDonalds zu bestellen. Glücklicherweise fand mein Gastvater eine gesunde Mischung zwischen eigener Zubereitung und dem Besuch von Restaurants.

Unterschiede:

Neben den oben beschriebenen Unterschieden wie der regelmäßige Besuch von Restaurants, der Patriotismus etc. fallen mir nur noch wenige wesentliche Unterschiede auf: Zum einen die stark materialistische Einstellung vieler Amerikaner und der Konsumwahn sowie z.T. die starke Verbindung zu einer religiösen Gemeinschaft.

Des Weiteren sind die Amerikaner auf der einen Seite lockerer und verteilen schneller und direkter ein Lob, wenn etwas gut gemacht wurde; auf der anderen Seite sind sie zurückhaltender bzw. nicht so direkt wie die Deutschen, wenn etwas nicht so gut läuft (zum Beispiel in der Schule).

Zum Leben allgemein hängt man in den meisten Regionen Amerikas sehr viel vom eigenen Auto ab, weswegen es fast unmöglich erscheint, als Austauschschüler mal eben seine Freunde zu Fuß oder per Fahrrad zu treffen.

8.7 Mandy, Local Coordinator – Nebraska

Mandy schreibt über 10 Dinge, von denen sie sich wünscht, dass jeder Schüler sie weiß

10 things your Local Coordinator wants you to know

10. Be open minded about your placement. It seems that many exchange students dream of being placed in California, Florida or New York. Will you be disappointed when you are placed in Ohio, Arkansas or Nebraska? These states have much to offer and so do their schools. Learn about your new community and school and see what new opportunities you will have. You may also be expecting a host family with a mother, father and teen siblings, but host families come in all shapes and sizes. I have had incredible host parents that were retired, single, same sex couples or never had children. Get to know them and find out about their unique family.

9. As soon as you receive your host family contact information, email or call them. They are very anxious to get to know you. Once you have contacted them, friend them on Facebook or WhatsApp, send them pictures and messages

about your daily life. Start sharing your life with them. That communication needs to continue throughout the time you live with them. They want to know how you are and what you did at school, your successes and your challenges. They have had years to learn the emotions and habits of each other, but they have just met you. It will be up to you to help them out. They may not understand what you are thinking or feeling, until you share that with them. Tell your family when you are happy, sad, frustrated or overwhelmed. It will help them understand you better.

8. I encourage all students do their homework and use their computers in public rooms of the house. Being in a room where other people are close by, you are presenting yourself as more open and friendly. It is also helpful when you are doing homework and need help. If you go to your room and shut the door every time you have homework, you are isolating yourself from people that want to get to know you. Doing your homework at the kitchen table or in the living room with siblings (or parents) makes it a lot more fun. If you find yourself feeling homesick, think about where you are spending most of your time and make an effort to be around more people.

7. When you are talking to your natural parents, make sure to tell them about the fun things that you are doing on your exchange. I have found that some students vent to their parents about what is stressful or going wrong and forget to tell them the good things that are happening as well. Make sure that you are giving your parents an accurate picture of your life. You don't want to cause them any unnecessary stress.

Each student is different; you are going to have to figure out how often (and how) you will be in contact with your parents. I have some students that are able to talk to their parents weekly and feel fine. I also have some students that are unable to hear their parents' voices without feeling homesick. They choose to email on a regular basis. It is really hard to balance life in your home country and life in the US, I highly recommend that you limit your contact with friends and family and put a majority of your effort into making a life here.

6. Your local coordinator (LC) is your resource. They are your support network, counselor and friend. It is essential that you call on them when you need help. Get to know them and share your experience with them. Please don't assume that your local coordinator is the best friend of your family. We may have just met them. The coordinators role is to support students, families and schools and remain as neutral as possible. Once you have been placed in a community, connect with your coordinator. Ask them about your school, family, sports and anything else that you have on your mind. When you arrive in your town, spend time with your local coordinator.

If you have a problem, talk to your coordinator right away. We prefer to hear about frustrations before they become big issues. We can help you talk to your school or family about problems. Read your email. We send a lot of information via email and we want you to respond to it, PROMPTLY! We also like to see your successes, so invite us to your plays, games, award ceremonies, etc. Tell us about your new friends, school and classes. Share your experience with us. Always, always, tell us the truth!

5. I strongly feel that to have a successful exchange, students need to be involved in some type of activity AS SOON AS POSSIBLE. I encourage students to try out for a sport, choir, theatre or other opportunity. Ask your family or local coor-

dinator what activities are available at the beginning of the school year. Being involved will introduce you to a group of students right away and help you feel that you belong. It also helps keep you busy and not feeling as homesick.

4. Try something new. I have had several students come to the US wanting to play American football. They did not know the rules or the plays, but they had a desire to try. Maybe your awesome soccer kick will be the game winning extra points in football? Or maybe your love of baking would be welcome in the culinary club.

Some students laugh at the names of clubs in the US, like Future Farmer of America (FFA), Fellowship of Christian Athletes (FCA) or Future Homemakers of America (FHA), but they may be the most popular clubs in the school. Ask other students about the activities, fundraisers and trips. Some of these clubs may provide you with opportunities to learn a new skill or travel to other parts of the US.

Youth groups are also a popular activity in the US. Many students are part of a group of teenagers at a local church. These groups may do volunteer projects together, go on retreats, do fundraisers and have lively Biblical discussions. They are usually a welcoming group of teens that like to have fun. There may be several youth groups in your community that are worth visiting.

3. It can be hard to make friends in a new school. Don't assume that people will know you are an exchange student. You will have to tell them. Some schools are so diverse that the students may assume that you are just another new face. As cruel as it sounds, you are the one that has to put forth the effort to make friends, because you are the person that does not have friends. The other students in the school have their own groups and friends, so they may not be as outgoing.

Start small by simply introducing yourself. Talk to other students, teachers, neighbors, etc. The more you try, the easier it will get.

2. School in the US is quite different than in your home country. I recommend that students take a few challenging classes, a few that are at the right level for you and a few that are new opportunities (theatre, art, cooking, etc.). It is important to find the right balance in classes. Your school counselor and teachers can help you with this. Make sure that you talk to them. If your class is too easy or too hard, be sure to tell someone. If you are having a hard time learning a concept, talk to the teacher. Don't hesitate to ask for help. They may be able to explain the idea afterschool or set you up with a study group or tutor. If you get a bad grade on an assignment or test, talk to your teacher. They will appreciate knowing that you care. They also may be able to give you more time or allow you to use a translating dictionary for assistance. Most teachers are very happy to help students that are interested in their education, so talk to them.

1. Your host family will provide you with many opportunities during your stay. They are happy to share their community, friends, family, church and more with you. They are not hosting for money but because they want to have an experience as well. They are investing their time and money in your exchange because they want a connection to you. That does not mean that they want to be in charge of all of your social activities and driving you to and from all those events. That can be exhausting!

I encourage you to make plans with friends, go to school sports events, volunteer in your community and do other things to fill your time. You will get more out of your experience by trying something new and your family will not feel pressure to "entertain" you all of the time. Talk to your host family about your plans, help arrange for rides and be clear about dates and times. Ask for rides and carpool with other trusted people (with your families approval) when possible. Sharing the driving responsibility makes it easier on your parents. They will appreciate your efforts.

You are a brave person for trying something new. Be a great ambassador for your country and show Americans how wonderful Germany and Germans are! Congratulations on this opportunity and have a wonderful exchange.

8.8 Sheri und Jeff, Gastfamilie aus Idaho

„Being an exchange host family is the most rewarding thing we as a family have ever experienced. Our kids have changed our lives about the way we think of diversity, and about the world we live in.

Our children have learned as adults to be open-minded and I think we have given them the gift of compassion and the ability to love all humanity. Our family has forever been changed by the cultural experience that we have received from theses students and their families. We have friends and family all over the world ,that is the most peaceful and exciting feeling to know that you helped make a difference in a child's life and in this world as they have taught us to be better human beings for this."

Nützliches

Versetzungsrichtlinien der Bundesländer

Die Versetzungsrichtlinien im Zusammenhang mit einem Auslandsaufenthalt und gegebenenfalls dessen Anerkennung sind in den einzelnen Bundesländern unterschiedlich, auch abhängig von der Länge der Schulzeit im Gymnasium (G9 oder G8), und immer wieder Änderungen unterworfen. Deshalb ist es unerlässlich, dass man sich vor der Entscheidung für den Aufenthalt umfassend über die Vorgaben im eigenen Bundesland informiert. Eine Anfrage kann an die eigene Schulleitung oder das zuständige Schulamt gerichtet werden.

Baden-Württemberg

Ministerium für Kultus, Jugend und Sport Baden Württemberg
Thouretstr. 6
70173 Stuttgart
Tel.: 0711 2790
Fax: 0711 2792810
Internet: www.kultusportal-bw.de
Email: Poststelle@km.kv.bwl.de

Verordnung des Kultusministeriums über die Versetzung an
Gymnasien der Normalform und an Gymnasien in Aufbauform
mit Heim (Versetzungsordnung Gymnasien – GymnVersO, BW)
[Vom 30. Januar 1984; zuletzt geändert durch Verordnung vom
21.März 2007]

§ 3 Aussetzung der Versetzungsentscheidung
    (3)Ein Schüler, für den zum Ende der Klassen 5 bis 10 kein Zeugnis erteilt und damit keine Versetzungsentscheidung getroffen werden kann, weil er an einem längerfristigen Einzelschüleraustausch mit dem Ausland teilgenommen und dort die Schule besucht hat, wird auf Antrag der Erziehungsberechtigten, bei Volljährigkeit auf seinen Antrag ohne Versetzungsentscheidung in die nächst höhere Klasse bzw. in die Jahrgangsstufe 11 aufgenommen. Abweichend von Satz 1 kann ein Schüler, bei dem die Voraussetzungen von Satz 1 am Ende der Klasse 10 vorliegen und der nicht die dem Unterricht in den Klassen 7 bis 10 entsprechenden Kenntnisse in einer zweiten Pflichtfremdsprache besitzt, nur nach Bestehen einer Feststellungsprüfung in der zweiten Pflichtfremdsprache in die Jahrgangsstufe 11 aufgenommen werden. Für diese Feststellungsprüfung gilt § 8 Abs. 3 entsprechend.

Auszug aus der Verwaltungsvorschrift „Hauptschulabschluss, Realschulabschluss"
(Verwaltungsvorschrift vom 31. März 2009, Az. 31-6610.0/48/1, K. u. U. 2009, S. 63)

2. Schüler des Gymnasiums, die von Klasse 10 im neunjährigen Bildungsgang nach Klasse 11 oder im achtjährigen Bildungsgang in die erste Jahrgangsstufe versetzt wurden, haben einen dem Realschulabschluss gleichwertigen Bildungsstand. Schüler des Gymnasiums im achtjährigen Bildungsgang, die nach Teilnahme an einem längerfristigen Einzelschüleraustausch mit dem Ausland ohne Versetzungsentscheidung in die Kursstufe aufgenommen worden sind, erwerben einen dem Realschulabschluss gleichwertigen Bildungsstand, wenn am Ende der 1. Jahrgangsstufe nicht mehr als 20 % der angerechneten Kurse mit weniger als 5 Punkten in einfacher Wertung bewertet sind.

Bayern

Bayerisches Staatsministerium für Unterricht und Kultus
Salvatorstr. 2
80333 München
Tel.: 089 21860
Fax: 089 21862809
Internet: www.km.bayern.de
Email: über die Internetseite

Schulordnung für die Gymnasien in Bayern
(Gymnasialschulordnung - GSO)
Vom 23. Januar 2007

§ 66 Vorrücken bei Beurlaubung zum Schulbesuch im Ausland

(1) 1 Schülerinnen und Schülern, für die eine Vorrückungsentscheidung nicht getroffen werden kann, weil sie zum Schulbesuch im Ausland beurlaubt waren, wird auf Antrag das Vorrücken auf Probe in die nächst höhere Jahrgangsstufe gestattet, wenn eine Schule im Ausland ordnungsgemäß besucht wurde und hierüber sowie über die dabei erzielten Leistungen eine Bestätigung der Schule vorgelegt wird. 2 § 63 Abs. 3 und 4 gelten entsprechend.

(2) 1 Dies gilt nicht für Schülerinnen und Schüler, die im der Beurlaubung vorangegangenen Schuljahr das Klassenziel nicht erreicht haben. 2 Solche Schülerinnen und Schüler müssen die nicht bestandene Jahrgangsstufe wiederholen, es sei denn, sie unterziehen sich nach der Rückkehr mit Erfolg der Nachprüfung nach den Vorschriften des § 64. 3 Abweichend von § 64 Abs. 1 Satz 1 können in diesem Fall auch Schülerinnen und Schüler, die in Jahrgangsstufe 10 das Ziel der Jahrgangsstufe nicht erreicht hatten, an der Nachprüfung teilnehmen.

(3) Schülerinnen und Schüler, die die Vorrückungserlaubnis nicht erhalten haben, im Anschluss daran zum Schulbesuch im Ausland beurlaubt werden und für die infolge dieser Beurlaubung keine Vorrückungsentscheidung getroffen werden kann, gelten im Schuljahr der Beurlaubung nicht als Wiederholungsschülerinnen und Wiederholungsschüler.

Berlin
Senatsverwaltung für Bildung, Jugend und Wissenschaft
Bernhard-Weiß-Straße 6
10178 Berlin
Tel.: 030 90227-0
Fax: 030 90227-5012
Internet: www.berlin.de/sen/bjw
Email: post@senbjw.berlin.de

Verordnung über die gymnasiale Oberstufe (VO-GO)

§ 8 Auslandsaufenthalt

(1) 1Wer in der Jahrgangsstufe 10 mindestens im zweiten Halbjahr für einen Auslandsaufenthalt beurlaubt war, kann auf Probe in die Jahrgangsstufe 11 der gymnasialen Oberstufe seiner vor der Beurlaubung besuchten Schule oder der kooperierenden Schule gemäß § 22 Absatz 2 Satz 3 des Schulgesetzes aufgenommen werden; § 7 gilt entsprechend. 2Am Ende des ersten Halbjahres der Jahrgangsstufe 11 entscheidet die Klassenkonferenz, die Jahrgangskonferenz oder der Oberstufenausschuss, ob die Probezeit erfolgreich abgeschlossen ist. 3Bei Besuch der Einführungsphase ist dies der Fall, wenn die entsprechend anzuwendenden Bedingungen gemäß § 18 Absatz 2 und 3 erfüllt werden. 4Bei Besuch des ersten Kurshalbjahres ist die Probezeit erfolgreich abgeschlossen, wenn folgende Bedingungen erfüllt sind:

1.In zwei der drei Fächer Deutsch, Fremdsprache und Mathematik werden jeweils mindestens fünf Punkte erreicht,

2.in einem naturwissenschaftlichen Fach und einem Fach des Aufgabenfeldes II werden jeweils mindestens fünf Punkte erreicht,

3.in höchstens einem Leistungskursfach werden weniger als fünf Punkte erzielt und

4.kein verpflichtend einzubringendes Fach wird mit null Punkten abgeschlossen oder bleibt ohne Bewertung.

5Wer die Probezeit erfolgreich abgeschlossen hat, erwirbt einen dem mittleren Schulabschluss gleichwertigen Abschluss und setzt seine Schullaufbahn in der gymnasialen Oberstufe fort. 6Bei nicht erfolgreich abgeschlossener Probezeit treten die Schülerinnen und Schüler in die Jahrgangsstufe 10 der besuchten Schule zurück; bei Rücktritt aus dem beruflichen Gymnasium wechseln sie in die Jahrgangsstufe 10 der zuvor besuchten Schule der Sekundarstufe I.

(2) 1Bei einem höchstens einjährigen Auslandsaufenthalt während der Einführungsphase ist nach Rückkehr auf Antrag die Eingliederung in den bisherigen Schülerjahrgang möglich. 2Die Entscheidung trifft die Schulleiterin oder der Schulleiter auf der Grundlage eines vor Antritt der Beurlaubung ausgesprochenen Votums der Klassenkonferenz und unter Würdigung der im Ausland erbrachten Leistungen. 3Bei Schulwechsel entscheidet die Schulleiterin oder der Schulleiter der aufnehmenden Schule über die Eingliederung aufgrund einer Stellungnahme der bisher besuchten deutschen Schule. 4Die Voraussetzungen für die Wahl eines Faches zum Prüfungsfach sind erfüllt, wenn am Unterricht dieses Faches durchgehend in der Jahrgangsstufe

10 und während des gesamten Auslandsaufenthaltes teilgenommen wurde; über Ausnahmen entscheidet die aufnehmende Schule. 5Sofern eine Eingliederung in den folgenden Schülerjahrgang oder nach Eingliederung in den bisherigen Schülerjahrgang ein freiwilliger Rücktritt innerhalb der ersten acht Unterrichtswochen erfolgt, gilt dies nicht als Rücktritt im Sinne des § 27.

(3) 1In der Qualifikationsphase an einer Auslandsschule erbrachte Leistungen, die zu einer allgemeinen Hochschulreife nach deutschem Recht führt, können in die Gesamtqualifikation eingebracht werden. 2Anderenfalls ist nach Rückkehr von einem Auslandsaufenthalt die Anrechnung des ersten Kurshalbjahres durch die Schulleiterin oder den Schulleiter der aufnehmenden Schule möglich, wenn nach Durchführung von Aufnahmeprüfungen in den Prüfungsfächern und Übernahme der im Ausland erbrachten Leistungen eine erfolgreiche Fortführung des Bildungsganges erwartet werden kann. 3Darüber hinaus können an ausländischen Schulen erbrachte Leistungen nicht in die Gesamtqualifikation eingebracht werden. 4In höchstens zwei nicht als Prüfungsfächer gewählten Pflichtfächern, in denen entweder keine Leistungsbeurteilung der ausländischen Schule vorliegt oder das Fach Deutsch als Fremdsprache unterrichtet wurde, kann die Leistungsbeurteilung des zweiten Kurshalbjahres auch für das erste Kurshalbjahr gelten.

(4) Treten Schülerinnen und Schüler nach einem Auslandsaufenthalt gemäß Absatz 1 oder 2 in den folgenden Schülerjahrgang zurück, wird dies nicht auf die zulässige Zahl der Rücktritte gemäß § 2 Absatz 6 angerechnet.

Verkündungsstand: 06.11.2014 in Kraft ab: 29.10.2014

§ 9 [1] Aufnahme nach Besuch einer Schule im Ausland

(1) 1Für Schülerinnen und Schüler, die bei Zuzug aus dem Ausland eine Aufnahme in eine Schule der Sekundarstufe I beantragen, entscheidet die Schulaufsichtsbehörde über die zu besuchende Schulart und Jahrgangsstufe. 2Wünsche der Schülerinnen und Schüler und ihrer Erziehungsberechtigten sind nach Möglichkeit zu berücksichtigen.

(2) 1Wer bisher keine deutsche Schule besucht hat, wird in die Schulart und Jahrgangsstufe aufgenommen, die dem bisher besuchten Schultyp sowie dem erreichten Bildungs- und Entwicklungsstand am ehesten entsprechen, sofern nicht zunächst eine besondere Lerngruppe gemäß § 17 besucht werden muss. 2Auf Antrag der Erziehungsberechtigten kann der Besuch einer höheren Jahrgangsstufe gestattet werden, wenn eine Sprachstandsfeststellung nach § 17 Absatz 2 und eine Beobachtungszeit von bis zu einem halben Jahr ergeben, dass die Schülerin oder der Schüler den Anforderungen des Unterrichts in dieser Jahrgangsstufe gewachsen ist.

(3) 1Beurlaubte Schülerinnen und Schüler werden in die vor dem Auslandsaufenthalt besuchte Schulart aufgenommen. 2Bei einem Auslandsaufenthalt von mehr als drei Monaten richtet sich die Einstufung in eine Jahrgangsstufe nach Entscheidung der Schulleiterin oder des Schulleiters danach, ob eine erfolgreiche Mitarbeit erwartet werden kann.

(4) [2] 1Bei einer Beurlaubung für einen Auslandsaufenthalt in der Jahrgangsstufe 10 kann die erweiterte Berufsbildungsreife oder der mittlere Schulabschluss am Ende dieser Jahrgangsstufe erworben werden, wenn die Schülerinnen und Schüler späte-

stens zum Beginn des zweiten Schulhalbjahres zurückkehren; in diesem Fall werden die Noten des zweiten Halbjahres anstelle der Jahrgangsnoten zur Bildung des Gesamtergebnisses (§ 44) herangezogen. 2Dauert die Beurlaubung bis zum Ende der Jahrgangsstufe 10, findet § 8 Absatz 1 der Verordnung über die gymnasiale Oberstufe vom 18. April 2007 (GVBl. S. 156), die zuletzt durch Artikel II der Verordnung vom 8. Mai 2014 (GVBl. S. 113) geändert worden ist, in der jeweils geltenden Fassung für den Übergang in die gymnasiale Oberstufe, die Probezeit und den Erwerb eines dem mittleren Schulabschluss gleichwertigen Abschlusses Anwendung. 3Satz 1 gilt entsprechend für Schülerinnen und Schüler, die in den Fällen des Satzes 2 die halbjährige Probezeit in der gymnasialen Oberstufe nicht bestanden haben und in das zweite Halbjahr der Jahrgangsstufe 10 zurücktreten. 4Bei unmittelbarem Übergang in die Qualifikationsphase sind die Voraussetzungen für die Wahl eines in der Jahrgangsstufe 10 neu begonnenen Faches zum Abiturprüfungsfach erfüllt, wenn dieses Fach durchgehend auch im Ausland belegt wurde. Verkündungsstand: 06.11.2014 in Kraft ab: 15.05.2014

Brandenburg

Ministerium für Bildung, Jugend und Sport
Heinrich Mann Allee 107 (Haus 1 / 1a)
14473 Potsdam
Tel.: 0331 866-0
Fax: 0331 866-3595
Internet: www.mbjs.brandenburg.de
Email: poststelle@mbjs.brandenburg.de

Verordnung über den Bildungsgang in der gymnasialen Oberstufe und über die Abiturprüfung (Gymnasiale-Oberstufe-Verordnung - GOSTV)
Gliederungsnummer: 5530-17

§4 Schulbesuch im Ausland

(1) Auf Antrag können Schülerinnen und Schüler in der Einführungsphase und den ersten beiden Schulhalbjahren der Qualifikationsphase für einen längstens einjährigen Schulbesuch im Ausland beurlaubt werden. Im letzten Schuljahr der Qualifikationsphase ist eine Beurlaubung für einen Schulbesuch im Ausland unzulässig.

(2) Nach Rückkehr wird die Schullaufbahn in der Regel in der Jahrgangsstufe fortgesetzt, die der zuletzt abgeschlossenen Jahrgangsstufe folgt. Die Schullaufbahn kann unter Anrechnung der Zeiten des Schulbesuchs im Ausland in der nächsthöheren Jahrgangsstufe fortgesetzt werden, wenn die Schülerin oder der Schüler nachweist, dass mit dem Schulbesuch im Ausland die Voraussetzungen gemäß § 8 oder § 9 erfüllt wurden oder die nachgewiesenen Leistungen vor und während des Schulbesuchs im Ausland eine erfolgreiche Mitarbeit in der höheren Jahrgangsstufe erwarten lassen. Die Entscheidung darüber trifft die Schulleiterin oder der Schulleiter der Schule. Sie oder er berät die Schülerin oder den Schüler nachweislich über die weitere Schullaufbahn.

(3) Erfolgt der Auslandsaufenthalt in den ersten beiden Schulhalbjahren der Qualifikationsphase, können auf Antrag

1. die Leistungen aus dem zweiten Schulhalbjahr der Einführungsphase, wenn sich der Auslandsaufenthalt auf ein Schulhalbjahr beschränkt und die Leistungen in der Einführungsphase einen erfolgreichen Besuch der Qualifikationsphase erwarten lassen, oder

2. ausländische Leistungsnachweise, wenn diese hinsichtlich Umfang, Fächerbreite und Anforderungsniveau der Qualifikationsphase vergleichbar sind,

in die Gesamtqualifikation und zur Erfüllung der Mindestanforderungen gemäß § 30 Absatz 5 einbezogen werden. Dies gilt auch, wenn die Bewertung der Leistungen eines Schulhalbjahres auf Grund der Dauer der Beurlaubung nicht möglich ist. Die Entscheidung gemäß den Sätzen 1 und 2 trifft die Oberstufenkoordinatorin oder der Oberstufenkoordinator im Einvernehmen mit der Schulleiterin oder dem Schulleiter.

Verordnung über die Bildungsgänge in der Sekundarstufe I
(Sekundarstufe I-Verordnung - Sek I-V)
Gliederungsnummer: 5530-6

§10 Schulbesuch im Ausland

Schülerinnen und Schüler können für einen längstens einjährigen Schulbesuch im Ausland beurlaubt werden. Die Zeit des Schulbesuchs im Ausland bleibt bei der Berechnung der Höchstverweildauer in der Sekundarstufe I unberücksichtigt. Versetzungen und der Erwerb von Abschlüssen und Berechtigungen können auf der Grundlage der während des Schulbesuchs im Ausland erbrachten und nachgewiesenen Leistungen erfolgen, wenn diese Leistungen und die Leistungen vor dem Schulbesuch im Ausland den nach dieser Verordnung zu erbringenden Leistungen für eine Versetzung oder für den Erwerb von Abschlüssen oder Berechtigungen gleichwertig sind. Die Entscheidung trifft die Schulleiterin oder der Schulleiter.

Bremen
Senatorin für Bildung und Wissenschaft
Rembertiring 8-12
28195 Bremen
Tel.: 0421 361-0 Fax: 0421 361 4176
Internet: www.bildung.bremen.de
Email: office@bildung.bremen.de

Merkblatt über Auslandsaufenthalte von Schülerinnen und Schülern der Sekundarstufe I der Oberschule und des Gymnasiums

1. Die Verordnung über die Sekundarstufe I der Oberschule bestimmt:
§ 6 Auslandsaufenthalt

(1) Die Schülerinnen und Schüler können mit Genehmigung der Schulleiterin oder des Schulleiters einen Auslandsaufenthalt von halbjähriger Dauer in Verbindung mit dem Besuch einer ausländischen Schule durchführen. Die Schülerinnen und Schüler setzen ihre schulische Ausbildung anschließend ohne zeitliche Verzögerung fort.

(2) Bei einem Auslandsaufenthalt im letzten Halbjahr vor dem Übergang in die

Gymnasiale Oberstufe kann eine Versetzung in die Gymnasiale Oberstufe nicht ausgesprochen werden. Über Ausnahmen entscheidet die Schulleiterin oder der Schulleiter auf Antrag der Versetzungskonferenz. Bei einem Auslandsaufenthalt im zweiten Halbjahr der Jahrgangsstufe 10 kann die Prüfung zum Erwerb des Mittleren Schulabschlusses oder zur Erweiterten Berufsbildungsreife nicht abgelegt werden.

2. Die Verordnung über die Sekundarstufe I des Gymnasiums bestimmt:

§ 6 Auslandsaufenthalt

(1) Die Schülerinnen und Schüler können mit Genehmigung der Schulleiterin oder des Schulleiters einen Auslandsaufenthalt von halbjähriger Dauer in Verbindung mit dem Besuch einer ausländischen Schule durchführen. Die Schülerinnen und Schüler setzen ihre schulische Ausbildung anschließend ohne zeitliche Verzögerung fort.

(2) Bei einem Auslandsaufenthalt im zweiten Halbjahr der 9. Jahrgangsstufe kann eine Versetzung in die Gymnasiale Oberstufe nicht ausgesprochen werden. Über Ausnahmen entscheidet die Schulleiterin oder der Schulleiter auf Antrag der Versetzungskonferenz.

3. Ist ein Auslandsaufenthalt von mehr als halbjähriger Dauer beabsichtigt, berät zunächst die Schule. Zur Entscheidung wendet sich die Schulleitung an die zuständige Fachaufsicht.

4. Bei weiteren Fragen zu Auslandsaufenthalten ist Ansprechpartnerin bei der Senatorin für Bildung, Wissenschaft und Gesundheit: Frau Barkhoff, Tel. 0421-361 2958, elke.barkhoff@bildung.bremen.de

Hamburg

Behörde für Schule und Berufsbildung
Hamburger Straße 31
22083 Hamburg
Tel.: 040 42863-0
Fax: 040 42863-2883
Internet: www.hamburg.de/bsb
Email: webmaster@bsb.hamburg.de

Ausbildungs- und Prüfungsordnung zum Erwerb der allgemeinen Hochschulreife(APO-AH) vom 25. März 2008 (HmbGVBl. S. 137), zuletzt geändert am 27. März 2014 (HmbGVBl. S. 121)

§3 Aufnahme in die Studienstufe

2) Schülerinnen und Schüler des Gymnasiums und der Stadtteilschule, die im zwölfjährigen Bildungsgang nach dem Besuch der Jahrgangsstufe 9 in die Jahrgangsstufe 10 oder im dreizehnjährigen Bildungsgang nach dem Besuch der Jahrgangsstufe 10 in die Jahrgangsstufe 11 versetzt wurden, rücken unter Anrechnung der Dauer des Schulbesuchs im Ausland in die Studienstufe ihrer Schule auf, wenn sie während der gesamten nachfolgenden Jahrgangsstufe oder während des zweiten Halbjahres der nachfolgenden Jahrgangsstufe eine vergleichbare Schule im Ausland regelmäßig be-

sucht haben und wenn zu erwarten ist, dass sie den Anforderungen der Studienstufe gewachsen sein werden. Die Entscheidung trifft die Schule auf Grundlage der Voten der Fachlehrkrafte für die Fächer Deutsch, Mathematik, erste und zweite Fremdsprache im Rahmen eines pädagogisch-fachlichen Gesprächs, welches durch Tests in einzelnen Fächern ergänzt werden kann.

(3)Ist die Voraussetzung des Absatzes 2 Satz 1 nicht erfüllt, rücken die Schülerinnen und Schüler in die Studienstufe nur dann auf, wenn sie nachträglich an der schriftlichen Überprüfung nach § 32 der Ausbildungs- und Prüfungsordnung für die Grundschule und die Jahrgangsstufen 5 bis 10 der Stadtteilschule und des Gymnasiums vom 22. Juli 2011 (HmbGVBl. S. 325), zuletzt geändert am 15. Juli 2013 (HmbGVBl. S. 337), in der jeweils geltenden Fassung, teilgenommen und in mindestens zwei der Arbeiten die Note 4 (ausreichend), in keiner Arbeit die Note 6 (ungenügend) und im Durchschnitt mindestens die Note 4 (ausreichend) erzielt haben.

Hessen

Hessisches Kultusministerium
Luisenplatz 10
65185 Wiesbaden
Tel.: 0611 368 0
Fax: 0611 368-2099
Internet: https://kultusministerium.hessen.de
Email: Kontaktformular auf der Internetseite

Oberstufen- und Abiturverordnung (OAVO) vom 20. Juli 2009

§ 3 Verweildauer

(1) Der Besuch der gymnasialen Oberstufe dauert in der Regel drei, mindestens zwei und höchstens vier Jahre. Abs. 3 bleibt unberührt.

(2) In zwei Jahren kann eine Schülerin oder ein Schüler die Oberstufe durchlaufen, wenn

1. sie oder er die Einführungsphase gemäß § 75 Abs. 6 des Hessischen Schulgesetzes überspringt oder

2. ihre oder seine Leistungen am Ende des ersten Halbjahres der Einführungsphase erheblich über den Leistungen der Mitschülerinnen und Mitschüler der Jahrgangsstufe liegen, ihr oder ihm auf Antrag gestattet wurde, Kurse, die für das zweite Halbjahr der Qualifikationsphase vorgesehen sind, zu besuchen und Leistungen aus der Einführungsphase entsprechend § 4 Abs. 2 bei der Gesamtqualifikation angerechnet werden können.

(3) In Ausnahmefällen, insbesondere bei langerem Unterrichtsversäumnis aus von der Schülerin oder dem Schüler nicht zu vertretenden Gründen, kann das Landesschulamt auf Antrag die Höchstdauer verlängern. Der Antrag ist über die Schulleitung zu stellen. Bei der Genehmigung eines Verlängerungsantrages ist darauf zu achten, dass die Anforderungen dieser Verordnung erfüllt werden können. Die Genehmigung gilt als erteilt, wenn durch die Wiederholung einer nicht bestandenen Abiturprüfung (§ 40) die Höchstdauer des Besuches um ein Jahr überschritten wird.

(4) Ein Schulbesuch im Ausland von mindestens halbjähriger Dauer nach § 4, den die Schülerin oder der Schüler nach Eintritt in die gymnasiale Oberstufe antritt, wird auf die Verweildauer nicht angerechnet, jedoch der Besuch einer Schule gemäß dem zweiten und dritten Teil dieser Verordnung.

(5) Wer den Bildungsgang zum Erwerb der allgemeinen Hochschulreife in der vorgeschriebenen Zeit nicht abschließen kann, muss die gymnasiale Oberstufe verlassen und darf nicht in eine andere Schule, für die diese Verordnung gilt, aufgenommen werden.

§ 4 Schulbesuch im Ausland

(1) Aufenthalte in einer ausländischen Schule im Rahmen eines Schüleraustausches oder eines entsprechenden Programms oder eines Praktikums zur Berufsorientierung im Ausland sollen gefördert und den Schülerinnen und Schülern ermöglicht werden, ihre schulische Ausbildung anschließend ohne zeitlichen Verlust fortzusetzen. Die Entscheidung über ein Überprüfungsverfahren nach § 2 Abs. 6 trifft die Schulleiterin oder der Schulleiter.

(2) Findet der Auslandsaufenthalt von mindestens halbjähriger Dauer während der Qualifikationsphase statt, so können auf Antrag Leistungen der Pflichtfächer aus der Einführungsphase bei der Gesamtqualifikation (§ 26) nach § 23 Abs. 5 angerechnet werden.

(3) Über die Anerkennung von Leistungen, die eine Schülerin oder ein Schüler in der Qualifikationsphase einer anerkannten deutschen Auslandsschule oder einer Europäischen Schule erbracht hat, entscheidet auf Antrag das Landesschulamt. Dieses gilt auch für Unterrichtsleistungen, die an einer sonstigen ausländischen Schule erbracht worden sind, wenn die Gleichwertigkeit nachgewiesen ist.

Mecklenburg-Vorpommern
Ministerium für Bildung, Wissenschaft und Kultur
Werderstraße 124
19055 Schwerin
Tel.: 0385 588-0
Fax: 0385 588-7082
Internet: www.regierung-mv.de
Email: poststelle@bm.mv-regierung.de

Verordnung zur Arbeit und zum Ablegen des Abiturs in der gymnasialen Oberstufe
(Abiturprüfungsverordnung - AbiPrüfVO M-V)
in der Fassung der Bekanntmachung vom 8. August 2014

§36 Schulbesuch im Ausland

(1) Auf Antrag kann die Verpflichtung zum Besuch der Einführungsphase um die Zeit eines nachgewiesenen, regelmäßigen und gleichwertigen Schulbesuchs im Ausland verkürzt werden. Erstreckt sich dieser Schulbesuch über die ganze Einführungsphase oder über die Dauer des zweiten Schulhalbjahres, so kann die Versetzung in die Qualifikationsphase auf der Grundlage einer geeigneten Leistungsüberprüfung erfol-

gen. Die Entscheidung trifft die Klassenkonferenz in der Zusammensetzung gemäß § 78 Absatz 5 des Schulgesetzes. Der Schulleiter kann Ausnahmen von den Bestimmungen der Wahl der Prüfungsfächer gemäß § 11 Absatz 1 zulassen.

(2) Eine Verkürzung des Besuchs der gymnasialen Oberstufe um die Einführungsphase ist nur möglich, wenn die erfolgreiche Teilnahme am Unterricht mindestens folgender Unterrichtsfächer nachgewiesen wird:

1. Unterricht in beiden Pflichtfremdsprachen aus dem Sekundarbereich I oder Fortsetzung der 1. Pflichtfremdsprache und Beginn einer neuen Fremdsprache,

2. Mathematik,

3. ein naturwissenschaftliches Fach (Chemie, Biologie, Physik),

4. ein Fach aus dem gesellschaftswissenschaftlichen Aufgabenfeld.

In Zweifelsfällen holt der Schulleiter die Entscheidung der zuständigen Schulbehörde ein.

(3) Wer ohne Besuch der Einführungsphase in die Qualifikationsphase eintritt, kann zur Erfüllung der Fremdsprachenverpflichtungen nur eine Fremdsprache wählen, in der er mindestens im Pflicht- oder Wahlpflichtunterricht der Jahrgangsstufen 8 und 9 durchgehend teilgenommen hat.

(4) Leistungen, die ein Schüler an einer ausländischen Schule erbracht hat, werden in der Regel auf die Belegungsverpflichtung nicht angerechnet. Über Ausnahmen entscheidet die oberste Schulbehörde.

(5) Die an ausländischen Schulen verbrachten Zeiten werden in der Regel auf die Verweildauer gemäß § 1 Absatz 2 nicht angerechnet. Über Ausnahmen entscheidet die oberste Schulbehörde nach Maßgabe des § 68 des Schulgesetzes.

(6) Über die Anrechnung von Leistungen, die ein Schüler in der Qualifikationsphase einer anerkannten deutschen Auslandsschule oder einer Europäischen Schule erbracht hat, entscheidet die oberste Schulbehörde nach Maßgabe des § 68 des Schulgesetzes.

(7) Schüler, die Kenntnisse in einer zweiten Fremdsprache durch den Besuch einer ausländischen Schule erworben haben, können auf Antrag von der Verpflichtung gemäß § 3 befreit werden, wenn sie vor der Aufnahme in die Qualifikationsphase nachweisen, dass ihre Kenntnisse den Anforderungen eines vierjährigen Unterrichts im Sekundarbereich I entsprechen. Der Nachweis ist vor der zuständigen Schulbehörde zu erbringen; das Nähere dazu wird durch gesonderten Erlass geregelt.

(8) Die oberste Schulbehörde kann zulassen, dass ein Schüler, der nach Besuch einer ausländischen Schule in die Qualifikationsphase eintritt, seine Fremdsprachenverpflichtungen in einer von den Bestimmungen dieser Verordnung abweichenden Weise erfüllt.

Niedersachsen

Niedersächsisches Kultusministerium
Schiffgraben 12
30159 Hannover
Tel.: 0511 120-0
Fax: 0511 120/7450
Internet: www.mk.niedersachsen.de
Email: poststelle@mk.niedersachsen.de

Verordnung über die gymnasiale Oberstufe (VO-GO) vom 17. Februar 2005,
zuletzt geändert am 16. Dezember 2011

§ 4 Schulbesuch im Ausland

(1) Die Zeiten eines regelmäßigen und gleichwertigen Schulbesuchs im Ausland werden auf die Verweildauer in der gymnasialen Oberstufe angerechnet, jedoch nicht zulasten der Schülerin oder des Schülers.

(2) 1Bei einem Schulbesuch im Ausland erbrachte Leistungen können bei einem zwölfjährigen Bildungsgang auf die in der Einführungs- oder der Qualifikationsphase der gymnasialen Oberstufe zu erbringenden Leistungen im Regelfall nicht angerechnet werden. 2Die Schule kann auf Antrag Unterrichtsleistungen, die an einer anerkannten deutschen Auslandsschule oder einer Europäischen Schule erbracht worden sind, anrechnen. 3Ausnahmsweise kann die Schule auf Antrag Unterrichtsleistungen, die an einer sonstigen ausländischen Schule erbracht worden sind, auf die im zweiten Schulhalbjahr der Einführungsphase und im ersten Schulhalbjahr der Qualifikationsphase zu erbringenden Leistungen anrechnen, wenn der Nachweis der Gleichwertigkeit erbracht ist.

(3) 1 Die Einführungsphase der gymnasialen Oberstufe kann in einem dreizehnjährigen Bildungsgang auf Antrag verkürzt werden, soweit die Schülerin oder der Schüler einen regelmäßigen und gleichwertigen Schulbesuch im Ausland nachweist. 2Wird die Einführungsphase wegen eines Schulbesuchs nach Satz 1 ganz erlassen oder um das zweite Schulhalbjahr verkürzt, so ist die Schülerin oder der Schüler ohne Versetzung zum Besuch der Qualifikationsphase berechtigt.

(4) Im Fall der Anrechnung nach Absatz 2 oder der Verkürzung nach Absatz 3 kann die Schule unter Berücksichtigung des Schulbesuchs im Ausland bei der Wahl der Prüfungsfächer und hinsichtlich der Belegungsverpflichtungen Ausnahmen von den Anforderungen zulassen, die sich auf den Unterrichtsbesuch in der Einführungsphase beziehen.

(5) Wer nach dem Besuch einer ausländischen Schule in die gymnasiale Oberstufe aufgenommen wird, kann seine Belegungsverpflichtungen in Fremdsprachen in einer abweichenden Weise erfülerwarten len, wenn dies aufgrund des bisherigen Schulbesuchs erforderlich ist.

Zusätzlich zu beachten sind insbesondere für die Anerkennung von Abschlüssen hinsichtlich des Unterrichtsfaches Latein die ergänzenden Bestimmungen der Verordnung über die Abschlüsse in der gymnasialen Oberstufe, im Beruflichen Gymnasium, im Abendgymnasium und im Kolleg (AVO-GOBAK) zuletzt geändert am 4. Februar 2014.

Nordrhein-Westfalen

Ministerium für Schule und Weiterbildung des Landes NRW
Völklinger Str. 49
40221 Düsseldorf
Tel.: 0211 5867-40
Fax: 0211 5867-3537
Internet: www.schulministerium.nrw.de
Email: poststelle@msw.nrw.de

Verordnung über den Bildungsgang und die Abiturprüfung in der gymnasialen Oberstufe (APO-GOSt B) vom 5. Oktober 1998 zuletzt geändert durch Verordnung vom 2. November 2012.

§ 4 Auslandsaufenthalte

(1) Während der beiden ersten Jahre der gymnasialen Oberstufe können Schülerinnen und Schüler für einen Auslandsaufenthalt gemäß § 43 Abs. 3 SchulG beurlaubt werden. Nach Rückkehr wird die Schullaufbahn grundsätzlich in der Jahrgangsstufe fortgesetzt, in der der Auslandsaufenthalt begonnen wurde. Das zweite Jahr der Qualifikationsphase kann nicht für einen Auslandsaufenthalt unterbrochen werden.

(2) Schülerinnen und Schüler, die zu einem einjährigen Auslandsaufenthalt in der Einführungsphase oder einem halbjährigen Auslandsaufenthalt im zweiten Halbjahr der Einführungsphase beurlaubt sind, können ihre Schullaufbahn ohne Versetzungsentscheidung in der Qualifikationsphase fortsetzen, wenn aufgrund ihres Leistungsstandes zu erwarten ist, dass sie erfolgreich in der Qualifikationsphase mitarbeiten können.

(3) Ausländische Leistungsnachweise können bei der Berechnung der Gesamtqualifikation nicht übernommen werden.

Interessant für Eltern und Schüler ist auch das Merkblatt des Ministeriums:
www.schulministerium.nrw.de/docs/Schulsystem/Schulformen/Gymnasium/Merkblaetter/Merkblatt_zum_Auslandsaufenthalt.pdf

Zusätzlich zu beachten sind die Verwaltungsvorschriften zur Verordnung über den Bildungsgang und die Abiturprüfung in der gymnasialen Oberstufe (VVzAPO-GOSt)

VV zu § 4
4.2 zu Abs. 2

4.21 Die Schullaufbahn kann mit Beginn der Qualifikationsphase fortgesetzt werden, wenn vor dem Antrag auf Beurlaubung
a) bei Schülerinnen und Schülern des Gymnasiums auf dem Zeugnis der Klasse 9/I oder 9/II im Durchschnitt mindestens befriedigende, keine nicht ausreichenden und in den Fächern mit schriftlichen Arbeiten höchstens eine ausreichende Leistung ausgewiesen sind. Über Ausnahmen entscheidet die Konferenz der die Schülerin oder den Schüler unterrichtenden Lehrkräfte.
b) bei Schülerinnen und Schülern anderer Schulformen auf dem Zeugnis der Klasse 10/I oder 10/II ein Notenbild erreicht wird, das in allen Fächern um eine Notenstufe besser ist als die für den Übergang in die gymnasiale Oberstufe geforderte Leistung. Über Ausnahmen entscheidet die obere Schulaufsichtsbehörde.

Über die durchgehende Teilnahme am Unterricht an einer ausländischen Schule ist der Nachweis zu erbringen.

4.22 Die Voraussetzungen zum Erwerb des Latinums, die in der Einführungsphase zu erbringen sind, müssen zusätzlich nachgewiesen werden.

4.23 Bei Schülerinnen und Schülern, die nach dem Auslandsaufenthalt gemäß § 2 Abs. 3 oder gemäß § 4 Abs. 2 unmittelbar in das erste Jahr der Qualifikationsphase eingetreten sind, wird die Dauer des Auslandsaufenthalts auf die Verweildauer angerechnet.

4.24 Der mit dem Zeugnis am Ende der Einführungsphase verbundene Abschluss gemäß § 40 Abs. 2 wird nach erfolgreichem Durchgang durch das erste Jahr der Qualifikationsphase erworben.

4.25 Bei einem Schulwechsel entscheidet über die Beurlaubung und die Fortsetzung der Schullaufbahn die aufnehmende Schule.

Rheinland-Pfalz

Ministerium für Bildung, Wissenschaft, Weiterbildg und Kultur des Landes R.P.
Mittlere Bleiche 61
55116 Mainz
Tel.: 06131 16 - 0
Fax: 06131 16 - 2878
Internet: www.mbwwk.rlp.de
Email: poststelle@mbwwk.rlp.de

In der Landesverordnung über die gymnasiale Oberstufe des Landes Rheinland-Pfalz werden keine Angaben zu Schüleraustausch, Auslandaufenthalt oder Beurlaubung zu schulischen Zwecken gemacht. Es kommt insofern immer auf eine Einzelfallbetrachtung und –bewertung an. Hierzu ist die Durchführung der Landesverordnung über die gymnasiale Oberstufe (Mainzer Studienstufe) im Rahmen der Verwaltungsvorschrift des Ministeriums für Bildung, Wissenschaft, Jugend und Kultur vom 26. Juni 2010 (943 C-51 113-0/34)) entscheidend, die hierzu ausführt:

Aufbau und Abschluss der gymnasialen Oberstufe (§ 3 LVO)

3.1   Schulwechsel

3.1.1 Ist durch einen Schulwechsel innerhalb von Rheinland-Pfalz, aus einem anderen Bundesland oder von einer anerkannten Deutschen Auslandsschule die Weiterführung der verbindlich belegten Fächer nicht möglich oder die Zuordnung zu einem Halbjahr der Qualifikationsphase problematisch, entscheidet die Schulleiterin oder der Schulleiter über die betreffenden Maßnahmen.

Wenn eine Schülerin oder ein Schüler zum Besuch einer Auslandsschule beurlaubt war oder von einer Auslandsschule nach Rheinland-Pfalz überwechselt, können Leistungsbewertungen nur anerkannt werden, sofern sie an einer anerkannten Deutschen Auslandsschule erbracht worden sind. Die Schulleiterin oder der Schulleiter entscheidet, ob Leistungsnachweise aus anderen Auslandsschulen ausnahmsweise anerkannt werden.

Eine Anrechnung der Besuchszeit der Oberstufe einer Auslandsschule auf die Höchstverweildauer in der gymnasialen Oberstufe erfolgt nur, wenn die dort erzielten Leistungsbewertungen überwiegend anerkannt werden.

3.1.3   Schülerinnen und Schüler, die für die Dauer der Einführungsphase zum Besuch einer Auslandsschule beurlaubt waren, können im neunjährigen Bildungsgang ausnahmsweise in die Jahrgangsstufe 12, im achtjährigen Bildungsgang ausnahmsweise in die Jahrgangsstufe 11 eintreten. Spätestens nach 10 Wochen entscheidet die Kurslehrerkonferenz, ob die bis dahin gezeigten Leistungen die Zulassung zur Qualifikationsphase rechtfertigen. Bei Verbleib in Jahrgangsstufe 12 werden die Noten des Halbjahres 12/2 doppelt gerechnet. Nummer 3.1.2 bleibt unberührt. Für Schülerinnen und Schüler im achtjährigen Bildungsgang gilt hinsichtlich des qualifizierten Sekundarabschlusses I § 71 Abs. 6 der Übergreifenden Schulordnung entsprechend.

Saarland

Ministerium für Bildung und Kultur
Hohenzollernstr. 60
66117 Saarbrücken
Tel.: 0681 501-7404
Fax: 0681 501-7500
Internet: www.saarland.de/ministerium_bildung_kultur.htm
Email: webmaster@bildung.saarland.de oder über Kontaktformular auf der Webseite

Verordnung
- Schul- und Prüfungsordnung -
über die gymnasiale Oberstufe und die Abiturprüfung im Saarland
(GOS-VO) vom 2. Juli 2007
geändert durch die Verordnung vom 26. März 2010

§ 82 Schüleraustausch

(1) Die an anerkannten deutschen Auslandsschulen und an Europäischen Schulen erbrachten Schulzeiten werden auf den Leistungsnachweis und die Verweildauer in der gymnasialen Oberstufe angerechnet.

(2) Im übrigen werden Schulzeiten, die im Ausland verbracht worden sind, auf den Leistungsnachweis und die Verweildauer in der Hauptphase nicht angerechnet; eine Anrechnung auf den Leistungsnachweis und die Verweildauer in der Einführungsphase bedarf in jedem einzelnen Falle der Entscheidung durch den Schulleiter/die Schulleiterin.

Sachsen

Sächsisches Staatsministerium für Kultus
Carolaplatz 1
01097 Dresden
Tel.: 0351 564-0
Fax: 0351 564-2525
Internet: www.smk.sachsen.de
Email: Kontaktformular auf der Internetseite

Verordnung
des Sächsischen Staatsministeriums für Kultus
über allgemeinbildende Gymnasien und die Abiturprüfung im Freistaat Sachsen
(Schulordnung Gymnasien Abiturprüfung – SOGYA)

§ 34 Schulbesuch im Ausland

(1) Auf Antrag der Eltern oder des volljährigen Schülers kann die Sächsische Bildungsagentur genehmigen, dass ein Schüler, der in die nächsthöhere Klassen- oder Jahrgangsstufe versetzt wurde, für einen längstens einjährigen Schulbesuch im Ausland beurlaubt wird.

(2) Nach Beendigung des Schulbesuchs im Ausland wird der Unterricht in der Klassen- oder Jahrgangsstufe fortgesetzt, in die der Schüler vor der Beurlaubung versetzt worden ist. Auf Antrag kann die Sächsische Bildungsagentur genehmigen, dass der Unterricht in der nächsthöheren Klassenstufe oder bei Beurlaubung nach der Klassenstufe 9 in der Jahrgangsstufe 11 fortgesetzt wird, wenn eine Schule im Ausland mit vergleichbaren Lerninhalten regelmäßig besucht wurde und hierüber sowie über die dabei erzielten Leistungen eine Bestätigung der Schule vorgelegt wird.

Sachsen-Anhalt

Kultusministerium des Landes Sachsen-Anhalt
Turmschanzenstraße 32
39114 Magdeburg
Tel.: 0391 567-01
Fax: 0391 567 7627
Internet: www.mk.sachsen-anhalt.de/kultusministerium
Email: poststelle@mk.sachsen-anhalt.de

Verordnung über die gymnasiale Oberstufe
(Oberstufenverordnung)
Vom 3. Dezember 2013

§ 5 Schulbesuch im Ausland

(1) Eine Beurlaubung zum Schulbesuch im Ausland kann auf Antrag für die Zeit eines nachgewiesenen längstens einjährigen Schulbesuchs im Ausland durch das Landesschulamt genehmigt werden, wenn regelmäßiger Schulbesuch in einem vergleichbaren Bildungsgang nachgewiesen wird.

(2) Der Schulbesuch im Ausland kann auf Antrag durch das Landesschulamt auf den Besuch der Einführungsphase angerechnet werden. Umfasst dieser Schulbesuch im Ausland auch das zweite Halbjahr der Einführungsphase, kann der Eintritt in die Qualifikationsphase ohne Versetzungsentscheidung erfolgen, wenn in der jeweiligen Landessprache, einer weiteren Fremdsprache, Mathematik, einer Naturwissenschaft und einem Fach des gesellschaftswissenschaftlichen Aufgabenfeldes zumindest ausreichende Leistungen erzielt worden sind. Das Landesschulamt kann im Einzelfall den Eintritt in die Qualifikationsphase auch zulassen, wenn eine vollständige entspre-

chende Belegung im Gastland nachweislich nicht möglich war. Die mit der Versetzung in die Qualifikationsphase erreichbaren Berechtigungen werden in diesen Fällen durch mindestens 05 Punkte in allen Kursen des ersten Kurshalbjahres erreicht, wobei eine Minderleistung bis 01 Punkt zugelassen ist.

(3) Erfolgt die Beurlaubung nach dem Absolvieren der Einführungsphase und vor Eintritt in die Qualifikationsphase, wird diese Zeit nicht auf die Verweildauer in der gymnasialen Oberstufe angerechnet.

(4) Eine Beurlaubung vom Besuch der Qualifikationsphase für einen Schulbesuch im Ausland ist unzulässig.

(5) Leistungen, die an einer deutschen Auslandsschule oder einer Europäischen Schule erzielt worden sind, sind bei Rückkehr während der Einführungsphase für die Erstellung der Jahresnoten zu berücksichtigen.

Schleswig-Holstein

Ministerium für Schule und Berufsbildung des Landes Schleswig-Holstein
Brunswiker Straße 16 - 22
24105 Kiel
Tel.: 0431 988-0
Fax: 0431 988-5815
Internet: www.schleswig-holstein.de/MSB
Email: pressestelle@bimi.landsh.de oder über Kontaktformular auf der Internetseite

Landesverordnung über die Gestaltung der Oberstufe und
der Abiturprüfung in den Gymnasien und Gemeinschaftsschulen
(OAPVO) vom 2. Oktober 2007

§ 1 Gliederung der Oberstufe

Die Oberstufe gliedert sich in eine Einführungsphase und eine Qualifikationsphase. Die Einführungsphase umfasst zwei, die Qualifikationsphase vier Schulhalbjahre. Im achtjährigen Bildungsgang umfasst die Oberstufe die Jahrgangsstufen 10 bis 12, im neunjährigen Bildungsgang die Jahrgangsstufen 11 bis 13.

§ 2 Eintritt in die Oberstufe, Überspringen,
Versetzung, Aufstieg und Rücktritt in der Oberstufe

(4) Nach Rückkehr aus einem Auslandsaufenthalt wird die Schullaufbahn in der Jahrgangsstufe fortgesetzt, in der der Auslandsaufenthalt begonnen wurde. Hiervon abweichend können

1. besonders leistungsfähige Schülerinnen und Schüler, die in der Einführungsphase im Rahmen eines mindestens halbjährigen, höchstens einjährigen Schulbesuchs im Ausland beurlaubt wurden, nach Rückkehr einen Antrag auf Überspringen eines Schulhalbjahres der Einführungszeit oder der gesamten Einführungszeit stellen;

2. Schülerinnen und Schülern, die im ersten Jahr der Qualifikationsphase im Rahmen eines mindestens halbjährigen Schulbesuchs im Ausland beurlaubt wurden, auf Antrag Ergebnisse aus der Einführungsphase auf die für die Qualifikationsphase gere-

gelten Verpflichtungen angerechnet werden, bei halbjährigem Aufenthalt nur die Ergebnisse aus dem zweiten Halbjahr der Einführungszeit.

Über die Anträge entscheidet die Schulleiterin oder der Schulleiter. Ausländische Leistungsnachweise können bei der Berechnung der Gesamtqualifikation (§ 20) nicht übernommen werden.

(5) Die Versetzungskonferenz überprüft im achtjährigen Bildungsgang zum Abschluss der neunten Jahrgangsstufe und im neunjährigen Bildungsgang zum Abschluss der zehnten Jahrgangsstufe, ob einer Schülerin oder einem Schüler das Überspringen der Einführungsphase empfohlen werden kann. Über die Annahme der Empfehlung entscheiden die Eltern.

Thüringen

Thüringer Ministerium für Bildung, Wissenschaft und Kultur
Werner-Seelenbinder-Straße 7
99096 Erfurt
Tel.: 0361 37 9-00
Fax: 0361 37 94 690
Internet: www.thueringen.de/th2/tmbwk
Email: Kontaktformular auf der Internetseite

Verwaltungsvorschrift zur Thüringer Oberstufe
Verwaltungsvorschrift vom 29. Juni 2009 (ABl. TKM S. 238)
zuletzt geändert am 1. August 2014 (ABl. TMBWK)

13 Auslandsaufenthalte

Auslandsaufenthalte können bis zur Dauer eines ganzen Schuljahres genehmigt werden. Der Schüler ist verpflichtet, während dieser Zeit eine Schule im Ausland zu besuchen. Der Schulbesuch ist nach Rückkehr nachzuweisen. Der Schüler besucht nach Rückkehr die Klassenstufe, in die er vor dem Auslandsaufenthalt versetzt worden ist. Findet der ganzjährige Auslandsaufenthalt während des Besuchs der Oberstufe statt, erfolgt keine Anrechnung der Zeit des Auslandsaufenthalts auf die Höchstverweildauer in der Thüringer Oberstufe.

Abweichend kann auf Antrag der Eltern bzw. des volljährigen Schülers der Schulleiter nach Anhörung der Klassenkonferenz vor Antritt des Auslandsaufenthalts außer in der Qualifikationsphase der Thüringer Oberstufe beschließen, dass dem Schüler die Möglichkeit eingeräumt wird, nach Rückkehr aus dem Ausland seine Schullaufbahn in der nächst höheren Klassenstufe fortzusetzen. Die Möglichkeit zum Vorrücken kann eingeräumt werden, wenn auf der Grundlage der bisher gezeigten Leistungen zu erwarten ist, dass der Schüler erfolgreich am Unterricht teilnehmen kann. Macht der Schüler von dieser Möglichkeit Gebrauch, kann der Schüler freiwillig zurücktreten. Wenn er innerhalb von sechs Wochen nach Wiederbesuch des Unterrichts von der Möglichkeit des freiwilligen Rücktritts Gebrauch macht, also in der Klassenstufe seine Schullaufbahn fortsetzt, in die er vor dem Auslandsaufenthalt versetzt worden ist, finden die Folgen eines Rücktritts (die Anrechnung auf die Zahl der Rücktrittsmöglichkeiten sowie die Anrechnung auf die Höchstverweildauer der Thüringer Oberstufe) keine Anwendung.

Bei einem ganzjährigen Auslandsaufenthalt von Schülern eines Gymnasiums in der Klassenstufe 10 und der Entscheidung der Klassenkonferenz, dass dem Schüler das Vorrücken in Klassenstufe 11 genehmigt werden kann, wird dem Schüler nicht eine dem Realschulabschluss gleichwertige Schulbildung bescheinigt. Er erhält die Möglichkeit, am Ende der Klassenstufe 11 an der Externenprüfung zur Erlangung des Realschulabschlusses teilzunehmen.

Gesetzliche Regelungen

Bevor die erste Rate gezahlt werden muss, sollte vom Veranstalter ein Sicherungsschein im Sinne von § 651k III des Bürgerlichen Gesetzbuches ausgehändigt werden. Dieser Paragraph schützt im Falle der Insolvenz der Organisation vor dem Verlust des gezahlten Programmpreises. Der Gesetzesteext:

www.gesetze-im-internet.de/bgb/__651k.html

§ 651l BGB: Dieser Paragraph des Bürgerlichen Gesetzbuches regelt Aufenthalte ab einer Länge von drei Monaten. Spätestens zwei Wochen vor dem geplanten Ausreisetermin muss die Organisation dem Schüler eine geeignete Unterbringung bei einer Gastfamilie, sowie die Betreuung organisiert haben und der Schüler muss angemessen vorbereitet worden sein. Ebenso muss ein Schulplatz zur Verfügung stehen. Wenn dies nicht erfolgt ist, haben Eltern/Schüler die Möglichkeit kostenlos vom Vertrag zurück zu treten. Der Gesetzestext ist hier zu finden:

www.gesetze-im-internet.de/bgb/__651l.html

Vorgaben des US Department of State

Auch abrufbar auf folgender Webseite: www.ecfr.gov (Title 22 – Foreign Relations / Capter I Browse Parts 1-999 Department of State/Subchapter G – Public Diplomacy and Exchanges – 65.1 – 65.5 Foreign Students)

CSIET – Standards for Long-Term Internat. Educational Travel Programs

Die Standards sind auf der CSIET Webseite abzurufen: https://csiet.org/

Adressen/Internetadressen

Diplomatische Vertretung USA in Deutschland:
Amerikanische Botschaft Berlin
Clayallee 170
14191 Berlin
Tel.: +49-30-8305-0
www.usembassy.de

Amerikanische Generalkonsulate:

Frankfurt	München
Gießener Str. 30	Königinstr. 5
60435 Frankfurt	80539 München
Tel.: +49-69-75350	Tel.: +49-89-2888-0

Länder- und Reiseinformationen, Kulturelles Angebot, Kurse, Vorträge, Konzerte etc.:

Visit USA Committee Germany e.V.
Thalkirchner Str. 14
80337 München
Internet: www.vusa.travel
E-Mail: info@vusa.travel

Auswärtiges Amt: www.auswaertiges-amt.de

Deutsch-Amerikanisches Institut (DAI):   Amerika Häuser:
Nürnberg: www.dai-nuernberg.de   München: www.amerikahaus.de
Heidelberg: www.dai-heidelberg.de   Köln: www.amerikahaus-nrw.de
Tübingen: www.dai-tuebingen.de
Saarbrücken: www.dai-sb.de

Deutsch-Amerikanisches Kulturinstitut, Freiburg: www.carl-schurz-haus.de
Deutsch-Amerikanisches Zentrum, Stuttgart: www.daz.org

Austausch allgemein:
www.weltweiser.de; weltweiser ist ein unabhängiger Bildungsberatungsdienst und Verlag. Informationen über Auslandsaufenthalte und internationale Bildungsangebote.

www.dfh.org; Der Deutsche Fachverband High School e.V. (DFH) ist eine Gruppe von 11 führenden deutschen Schüleraustausch-Organisationen zum Zweck der Qualitätssicherung. Die Mitglieder haben sich zur Einhaltung strenger Richtlinien verpflichtet.

www.aja-org.de; der Dachverband AJA – Arbeitskreis gemeinnütziger Jugendaustauschorganisationen – wurde im Jahr 1993 gegründet, um die Öffentlichkeit besonders auf die Bildungswirkung von langfristigen Jugend- und Schüleraustauschprogrammen aufmerksam zu machen, zu informieren und den Ausbau fördernd mitzugestalten. Gleichzeitig gibt der AJA umfassende Informationen rund um den Jugendaustausch.

www.austauschjahr.de; Schüleraustauschportal für Austauschschüler
www.ausgetauscht.de; Webseite/Forum für Schüler, Eltern und Gastfamilien

Brauche ich als Austauschschüler eine Krankenversicherung?

Ein Auslandsaufenthalt ist eine Zeit voller Möglichkeiten. Man erlebt andere Menschen und Länder, lernt eine neue Sprache und hat später bessere Chancen im Berufsleben. Damit Austauschschüler diese Zeit unbeschwert genießen können, sollten ihre Eltern eine passende Versicherung abschließen. Für ein Visum sind oft eine Auslandskrankenversicherung und eine Haftpflichtversicherung nötig. Eine kurzfristige Krankenversicherung für Urlaubsreisen reicht nicht aus.

Außerhalb der EU sind Krankheitskosten nicht über die gesetzliche Krankenversicherung abgedeckt und auch innerhalb der EU gibt es deutliche Leistungsunterschiede. Ein Rücktransport in die Heimat wird grundsätzlich nicht bezahlt. Darum übernimmt eine gute Auslandskrankenversicherung neben den Behandlungskosten auch einen medizinisch sinnvollen Rücktransport.

Oft stehen Austauschschüler zum ersten Mal auf eigenen Beinen. Deshalb umfasst die richtige Auslandsversicherung auch eine Notfallhilfe (Assistance). Wenn der Schüler erkrankt, organisiert die Assistance den Krankenhausaufenthalt, die Rückreise oder sorgt dafür, dass ein Familienmitglied anreisen kann.

Die Versicherung EDUCARE-WORLD wurde speziell für Highschool, Work and Travel und andere Austauschprogramme entwickelt. Teilnehmer von 15 bis 34 Jahren können sich ab 42 Euro monatlich versichern. Die strengen Anforderungen für USA-Visa werden erfüllt. Rücktransport sowie eine Haftpflicht-, Unfall-, Hausrat- und Reisegepäckversicherung können auch ohne Krankenversicherung abgeschlossen werden.

Seit über 55 Jahren ist Dr. Walter Experte für die Absicherung langfristiger Auslandsaufenthalte. Der Versicherungsmakler betreut jährlich über 60.000 Urlaubsreisende, Studenten, Au-pairs, Freiwillige und Mitarbeiter im Ausland.

DR.WALTER
weltweit gut versichert

www.educare-world.de
Ihr Ansprechpartner:
Dr. Walter GmbH
Versicherungsmakler
Eisenerzstraße 34
53819 Neunkirchen-
Seelscheid
René Gillet
gillet@dr-walter.com
Tel. 02247-919428